W0462696

Pour la France éternelle

et à tous les patriotes.

LIBERTÉ - ÉGALITÉ - FRATERNITÉ

SOMMAIRE

PRÉAMBULE

Ce manifeste a pour objet de définir pour la France une politique d'immigration et de repenser le rayonnement de la France dans le monde.

Actuellement, la France souhaite proposer aux populations étrangères qui arrivent sur son sol une assimilation aux principes de la République. Cette assimilation s'inscrit dans un continuum historique et philosophique, s'étalant du XVIIème au XXème siècle, tenant compte des moteurs initiaux de l'intégration des populations colonisées au sein de l'ancien Empire français.

Cette étude apporte, en premier lieu, un éclairage comparatif entre les modèles de colonisations anglo-saxon et français. Elle retrace ensuite leurs évolutions dans l'histoire et les liens qui existent aujourd'hui, dans chacune de ces aires civilisationnelles, dans la définition de la nationalité et de la citoyenneté.

Elle met en perspective les choix qui s'offrent dans le cadre d'une politique française fidèle à la Déclaration des Droits de l'Homme de 1789, et des principes de Liberté, d'Égalité, de Fraternité et de Libre Arbitre. La politique française que nous prônons s'affranchit, dans l'héritage de notre histoire, à la fois de l'identité racialiste issue des mondes germanique et anglo-saxon, et de l'identité de filiation de l'islam ou de celle de la prédestination de naissance qui caractérise l'hindouisme.

Très largement invoqué en politique depuis des décennies, le sujet complexe de l'immigration gagnerait à être abordé à l'aune d'une lecture historique, culturelle, spirituelle, philosophique et démographique propre à la France. C'est ce que nous nous efforcerons à faire dans ce manifeste.

Actuellement, plusieurs craintes s'expriment dans la société française. Celle, entre autres, d'un « grand remplacement ».

Si cette dernière inquiétude se développe de façon croissante dans l'esprit de la population, c'est d'abord parce qu'elle fait un constat démographique sur certaine partie de son territoire.

Ce phénomène migratoire, plus ou moins marqué selon les différentes régions de France, mais déjà ressenti par la population, correspond principalement à une importation d'une Force-Travail internationale voulue et souhaitée, pour des raisons d'ailleurs différentes, à la fois par l'idéologie trotskiste et par la mondialisation anglo-saxonne. Ce phénomène migratoire massif induit nécessairement, à moyen et long terme, des bouleversements sociologiques et démographiques. En cela, la crainte d'un « grand remplacement » est justifiée. En effet, par le passé, dans l'univers commercial et colonial des grandes puissances européennes, de grands effacements démographiques ont déjà eu lieu.

L'arrivée d'une main-d'œuvre européenne agricole et pionnière, puis d'esclaves africains travaillant dans les plantations des Caraïbes puis d'Amérique du Nord et du Sud, fut un « grand remplacement » que les populations amérindiennes ont dû subir.

Plus récemment, en Birmanie (Myanmar), l'implantation par l'empire britannique d'une population indienne musulmane pour travailler dans les rizières, a été mal acceptée par les populations locales bouddhistes (Arakans, Birmans) qui se sont senties démographiquement en danger et ont réagi, au cours des années suivantes, par un rejet sans nuances.

Selon un schéma analogue, l'arrivée d'une population africaine noire bantou en Afrique du Sud dans des territoires occupés préalablement (Le Cap) par les populations européennes boers et anglaises transforma démographiquement la sociologie de ce pays.

Que le commerce et la recherche d'une main-d'œuvre corvéable induisent malheureusement des bouleversements dans les sociétés, n'est en somme pas une nouveauté dans l'histoire.

Dans l'état actuel des choses, si l'on s'en tient uniquement à une intégration, il en résultera un « grand remplacement », si on envisage une assimilation volontaire et voulue par le libre arbitre des candidats à l'immigration, il en émergera la grandeur de la France comme il en a toujours été.

Pour certaines personnes, le « grand remplacement » théorisé par Renaud Camus est d'ores et déjà une réalité incontestable dans certaines zones du territoire national (en Seine-Saint-Denis notamment), pourtant il est encore loin de toucher l'ensemble du Pays. Sous cet angle, le « grand remplacement » demeure aujourd'hui hypothétique. À la question de savoir si ce phénomène ira à son terme, la réponse dépend, en premier lieu, de la réaction des populations d'origine, en l'occurrence de celle des Français.

Cette réaction doit donc passer par un référendum pour statuer sur ce que les Français souhaitent réellement : l'intégration ou l'assimilation des populations immigrés.

Ce manifeste ne partage donc pas la crainte d'un « grand remplacement », tout simplement parce que celui-ci est le fruit d'une spéculation sur un futur qui n'a pas encore eu lieu, du moins à l'échelle nationale. En effet, cette perspective implique une absence de réaction ou une défaite face à une submersion démographique, spirituelle et culturelle qui ne pourra être évaluée qu'après la réaction, ou l'absence de réaction, de la population autochtone.

Cette « crainte », qui se répand dans la société française, peut donc étonner, car elle est, pour le moment, contredite par l'histoire : les Français ont toujours su tenir leur rang face aux invasions. Depuis des siècles, ils l'ont bien souvent prouvé, dans des circonstances bien plus terribles.

Foncièrement, il s'agit de refuser le pessimisme et l'esprit de défaite qui conduiraient à suivre au mieux une politique de résignation, au pire une réponse inadéquate.

En alternative de la politique mondialiste qui construit l'immigration actuelle, notre manifeste s'attache donc à repositionner à la fois notre politique d'assimilation et un « rêve français » qu'il s'agit de projeter dans le monde. Dans cet esprit, il propose un ensemble de mesures et de réformes à entreprendre par une action politique.

L'originalité de notre culture, de notre histoire, nous démarque des mondes anglo-saxon, germanique, musulman, hindouiste, bouddhiste ou encore animiste. Si la France promeut une idée d'harmonie entre les peuples, c'est d'abord parce qu'elle est fière de sa singularité philosophique et spirituelle, et qu'elle reconnaît aussi, dans leurs différences, celles des autres sociétés.

Si des hommes et des femmes issus de ces diverses cultures choisissent de rejoindre la France en adoptant ses valeurs, ses fondamentaux philosophiques et politiques, ce mouvement confortera d'autant plus la qualité universelle de ses positions, et rendra possible la construction d'un avenir en commun.

Que pareilles options provoquent des oppositions, des rejets et des affrontements, cela ne fait aucun doute. Mais leur dépassement prouvera que ce rêve possède une dynamique en soi et qu'il est la promesse d'un grand avenir comme l'a toujours été celui de la France. Ce modèle apportera une harmonie d'existence pour ceux qui y ont adhéré et un choix possible à envisager pour les autres sociétés dans le monde.

Cette approche globale a permis d'identifier l'ensemble des principaux obstacles opposés à l'État-nation France et aux principes de l'assimilation. On retrouve ainsi dans plusieurs chapitres différents les mêmes menaces, qu'elles soient d'ordre spirituel, politique, économique ou philosophique.

La convergence de ces oppositions, à la fois contre l'État-nation France et contre les principes philosophiques de Liberté, d'Égalité, et de Fraternité, aurait pu permettre, dans ce manifeste, de les regrouper par chapitres spécifiques. Toutefois, la nature des réponses à leur opposer en fonction des problématiques nécessitait une segmentation distincte.

Le côté protéiforme des attaques, contre la France et ses principes, demande des mesures adaptées au cas par cas, avec une argumentation propre pour chacune d'elles et des choix à faire en conséquence.

Il peut bien évidemment y avoir d'autres solutions, plus temporisatrices ou conciliantes, voire en rupture, mais de façon générale, elles arriveront toutes aux mêmes résultats, simplement parce que la nature des oppositions à l'État-nation France, au niveau doctrinal ou spirituel, ne peut pas changer sur le fond.

Certaines mesures peuvent sembler difficiles à mettre en œuvre ou prendre du temps (évolution de l'islam, réforme syndicale, refonte de l'universalisme des droits de l'homme), d'autres sont plus simples et passent évidemment par l'arrivée au pouvoir d'une présidence patriote résolue.

Ce manifeste se veut donc un vade-mecum des mesures politiques et administratives permettant de dépasser les oppositions à une nécessaire assimilation d'une partie de la population immigrée.

Il a pour vocation de fournir une argumentation dans les controverses sur ce sujet.

I - LES ORIGINES DE L'IDENTITÉ ET DE L'ASSIMILATION AUX ÉTATS-NATIONS OCCIDENTAUX

A - L'ÉVOLUTION RACIALISTE DE L'IDENTITÉ ANGLO-SAXONNE.

L'identité raciale anglo-saxonne trouve ses origines dans la succession hanovrienne de 1714 (George Ier) qui permit à la maison allemande d'Hanovre de monter sur le trône de Grande-Bretagne. L'« anglo-saxonisme » de l'époque cherchait à mettre l'accent sur les liens culturels et raciaux de la Grande-Bretagne avec l'Allemagne, en se référant fréquemment aux peuples teutons comme source de force et de similitude.

Cette identité germanique, transmise à la société anglaise, prend sa source dans l'ouvrage de Tacite, *La Germanie*, en latin *De Origine et Situ Germanorum*, écrit à la fin du Ier siècle, qui opposait la force des peuples germains barbares à une Rome décadente. Réédité en l'an 1500 par l'humaniste Konrad Celtis, il devint plus tard un ouvrage de référence pour les nationalistes et romantiques allemands. Tacite ne s'était jamais rendu au-delà des marches de l'Empire. En exaltant les peuples germains, son ouvrage visait avant tout à provoquer un sursaut de la société romaine. Largement oublié durant des siècles, *De Origine et Situ Germanorum* fut en définitive détourné de son objet initial, puisqu'il fut instrumentalisé et suscita l'enthousiasme pour l'identité germanique qui se développa durant la montée en puissance du luthéranisme et du calvinisme en opposition, à l'époque, au catholicisme romain.

Par la suite, ce mythe identitaire germanique se diffusa jusqu'en Angleterre au cours des siècles dans un contexte de rivalités économiques, politiques, coloniales et scientifiques avec la France et l'Espagne. Les historiens anglais de la fin du XVIIIème et du XIXème siècle ont apporté une contribution essentielle à la définition raciale de l'origine de leur nation. Ainsi, en 1787, John Pinkerton publia *Dissertation on the Origin and Progress of the Scythians or Goths*, tandis que Sharon Turne consacra sept volumes à son *History of the Anglo-Saxons* (1799-1805), et qu'Edward Gibbon présenta dans *Decline and Fall* (1776) un monde romain en pleine décadence face à la grandeur et la force des envahisseurs germaniques. John Mitchell Kemble écrivit *The Saxons in England* (1849), reprenant cette vision racialiste de l'histoire britannique.

D'autres auteurs et politiques comme Earle Bulwer-Lytton, membre du conseil privé du roi Guillaume IV, déclare : « C'était dans les forêts libres d'Allemagne que le génie infantile de notre liberté a été nourri ». Quant à l'historien Thomas Arnold, professeur royal d'histoire moderne à Oxford, il affirme que : « Notre race anglaise est la race allemande, car bien que nos pères normands aient appris à parler la langue d'un étranger, pourtant dans le sang, comme nous le savons, ils étaient les Saxons, ses frères appartenant tous deux à la souche teutonique ou allemande".

Charles Kingsley, professeur d'histoire à l'Université de Cambridge, s'est particulièrement attaché à démontrer l'existence d'un « fort élément nordique dans le teutonisme et l'anglo-saxonisme ». Il pensait que les ancêtres des Anglo-Saxons, le peuple marin des Norses et les peuples germaniques, s'étaient physiquement battus aux côtés du dieu Odin, et que la monarchie britannique de son temps s'inscrivait directement dans cet héritage.

Dans une vision s'inscrivant, elle aussi, dans l'Histoire, Edward Augustus Freeman, un anglo-saxoniste de premier plan, a promu à la même époque une identité nord-européenne où les racines civilisationnelles de la « forêt allemande » ou du « roc scandinave » étaient liées à l'héritage culturel de la Grèce et de la Rome antiques.

La théorie de l'identité raciale anglo-saxonne s'est ainsi développée tout au long du XIXème siècle et a fait naître l'idée selon laquelle la démocratie et les institutions britanniques et américaines trouvaient leurs racines chez les peuples teutoniques, et que les tribus germaniques avaient répandu ce « germe » au sein de leur race, depuis l'ancienne Allemagne jusqu'à l'Angleterre et à l'Amérique du Nord.

Le développement de cet anglo-saxonisme du XIXème siècle fut largement aligné sur le protestantisme, qui percevait généralement les catholiques comme des étrangers, et était orienté vers une idéologie en opposition à d'autres « races », comme les « Celtes » d'Irlande ou les « Latins » du Continent.

Ce mouvement a donc souvent cherché à minimiser, voire à dénigrer l'importance des influences raciales et culturelles aussi bien françaises que celtiques en Grande-Bretagne.

Cette conception de l'identité anglo-saxonne s'est diffusée par capillarité dans ses anciennes colonies. Au XIXème siècle, elle a ancré de façon croissante l'anglo-saxonisme américain dans l'idée que la race « anglo-saxonne » devait s'étendre dans les territoires environnants. Cela s'est particulièrement exprimé dans l'idéologie du « Manifest Destiny » (« destinée manifeste »), une forme américaine de l'idéologie calviniste selon laquelle la nation américaine aurait pour mission divine l'expansion de la « civilisation » vers l'ouest, et à partir du XXème siècle, dans le monde entier.

Cette croyance messianique en une prédestination divine était déjà présente chez les Pères pèlerins puritains arrivés en Amérique sur le Mayflower. Elle fut promue aux États-Unis dans les années 1840 par les républicains démocrates, plus particulièrement par les « faucons » sous la présidence de James Polk.

La politique d'identité ethnique, religieuse et raciale a donc dominé la politique anglaise puis américaine tout au long du XIXème siècle. Cette manifestation très particulière du racialisme a forgé, chez eux, une identité de groupe générale, utilisant la conscience raciale ou la mémoire et les expériences collectives du groupe comme cadre essentiel pour interpréter les actions et les intérêts de tous les autres groupes sociaux. On peut la qualifier de politique ethnocentrée.

COMMERCE ET IDENTITE RACIALISTE DU MODELE COLONIAL ANGLO-SAXON CONSUBSTANCIELLE DU CALVINISME ET DES PURITAINS

L'histoire

- **98 Tacite.** Son ouvrage « Germania » donne une description des valeurs de courage et de vertus morales des germains. Tacite exalte la pureté de la race des peuples germaniques en comparaison d'une Rome décadente.
- **1500 Conrad Celtis** traduit le « Germania » de Tacite
- **1603-1625 Jacques 1er** (Anglican)
- **1688-1702** Guillaume III d'Orange, stathouder de Hollande , et Régent puis Roi d'Angleterre en 1689 (Calviniste)
- **Acte de succession de 1701** exclusion du trône d'Angleterre de tout monarque catholique.
- **1714 Georges 1er** . Montée sur le trône d'Angleterre de la dynastie protestante des Hanovre.
- **1783** Perte des Colonies Américaines
- **Du XVIIIème siècle au XIXème siècle** argumentations et justifications politiques et religieuses des « anglo-saxons », pour une ségrégation raciale.
- **1807** Fin de la traite de l'esclave en Angleterre
- **1833** Fin de l'esclavage en Angleterre
- **1861** Guerre de Sécession aux Etats-Unis
- **1865** Fin de l'esclavage aux Etats-Unis
- **1867** Création des Dominions anglais
- **1877** Loi ségrégationniste « Jim Crow » aux Etats-Unis
- **1901-1973** White Australia Policy. Politique d'immigration ségrégationniste dans le dominion d' Australie
- **1948** Apartheid dans le dominion d'Afrique du Sud (1910-1961)
- **1964** Fin des « Lois Jim Crow » aux Etats-Unis

La religion

- **Henri VIII**
Acte de Suprémacie 1534
Eglise d'Angleterre (Anglicanisme)

- **1559-1563 - Elisabeth 1er**
Elizabethan Religious Settlement
Eglise réformée et anglicane

1609 - Sermon Preached at White-Chapel (USA)
Sermon d'évangélisation des Terres du Nouveau Monde

1620 - les pèlerins du Mayflower
Persécution sous Jacques 1er des calvinistes et émigration de puritains anglais en Amérique

Le Racialisme

- **XVIIème Siècle** - Interdiction des mariages mixtes Anglo-saxon/amérindiens
- Justification à partir du XVIIIe siècle d'un **sang germanique dans le sang anglo-saxon** entérinant la montée sur le trône d'un monarque germanique.
- **XVIIème au XXème siècle - Séparation racialiste entre les anglo-saxon et les autres peuples.** Très faible, voire inexistance représentation parlementaire des colonies
- **Aucune législation sur le statut des esclaves jusqu'à l'abolition progressive en 1833**
- **« Colour bar » Lois Ségrégationnistes** – Apartheid en Afrique Du Sud, Lois Jim Crow aux USA, White Australia Policy en Australie

Le protestantisme

- **Opposition parlementaire des puritains au pouvoir absolu des rois d'Angleterre,** vestige selon eux d'un héritage Franco-Normand, en opposition à l'élection d'un roi qui, selon Tacite, ne se faisait qu'en temps de guerre chez les peuples germains.
- **Dès les XVIIème siècle les Calvinistes s'assimilent à un Peuple élu dépositaire d'une mission divine** dans la conquête de nouveaux territoires.
- La richesse manifeste la grâce de Dieu.
- Le travail et l'économie comme valeur spirituelle.

Le Commerce

- **1555 - Moscovy Company**
- **1585 - Barbary Company**
- **1592 - Levant Company**
- **1600 - British East India Company**
- **1606 – Virginia company**
- **1618 – Guinea Company**
- **1618 – Biemba Company**
- **1661 – Companie des aventuriers d'Afrique**
- **1670 - Compangnie de la Baie d'Hudson**
- **1672 - Royal African Company**
- **1711 Company des mers du Sud**
- **Etc.**

Politique coloniale anglo-saxonne

- « Indirect rules »
- Ségrégation (Lois Jim Crow (USA) Apartheid)
- Protestantisme
- Commerce

B - L'ÉVOLUTION HUMANISTE DE LA PENSÉE FRANÇAISE.

Alors que le monde Anglo-Saxon se tourne vers le racialisme, en France, la pensée philosophique du XIXème siècle s'appuie sur l'universalisme des Lumières et les réflexions de Saint-Simon. Ce dernier évolue dans une période charnière de l'Histoire française, travaillée à la fois par la rupture entre un ordre révolu jugé inéquitable et la possibilité d'un changement aussi structurel que positif de la société. En réaction aux massacres de la Terreur puis au militarisme napoléonien, Saint-Simon prédit une société pacifiée par les sciences et la technologie, et contrôlée par les industriels et les savants.

Le saint-simonisme est probablement, en France, l'un des mouvements de pensée réformateurs les plus influents du XIXème siècle. Il propose une réorganisation et une méthode de transformation totale de la société. Il jette les bases d'une utopie industrielle conçue en opposition à l'ordre social issu de l'Ancien Régime. Il s'agit de bâtir le bonheur de l'humanité par le progrès de l'industrie et de la science. Pour cela, il faut rompre avec l'ancienne théologie féodale afin d'entrer dans un âge nouveau qui serait l'âge industriel sous l'égide de la science. Soutenu par une foi en l'Homme et en la technique, le saint-simonisme se propose donc de créer les conditions inédites d'une nouvelle société, fraternelle et pacifique.

La pensée saint-simonienne se diffusant dans la société française, l'un de ses partisans, Auguste Comte, développe un nouveau système philosophique, le Positivisme. Celui-ci part d'une théorie de la connaissance reposant sur la « loi des trois états », pour proposer une classification des sciences. Cette classification consacre l'avènement de la *physique sociale*, appelée sociologie à partir de 1839. Cette dernière aboutit elle-même à une politique et à une morale. Entre 1845 et 1849, le positivisme prend un tournant religieux, qui se concrétise dans la fondation de la religion de l'Humanité, l'Humanité étant entendue par Auguste Comte comme

« l'ensemble des êtres passés, futurs et présents qui concourent librement à perfectionner l'ordre universel ».

L'influence d'Auguste Comte sur l'épistémologie et la sociologie françaises est considérable. Le positivisme a exercé une influence très importante sur l'évolution des idées en France après la mort de son fondateur. Elle devint la philosophie officielle de la Troisième République. Au XIXème siècle, en France, le parti républicain - et notamment les radicaux-socialistes – s'en sont largement inspirés. Cette pensée est largement transverse aux idéologies politiques de l'époque. Ainsi, l'un des principaux soutiens du Positivisme est Charles Maurras, théoricien et chef de file du mouvement nationaliste français d'inspiration antigermanique.

Cette approche doctrinale influence profondément la pensée française suivant des principes humanistes et une volonté d'apporter un mieux-être aux hommes par la connaissance et les sciences. C'est la formulation d'une idéologie fondamentalement différente du racialisme anglo-saxon.

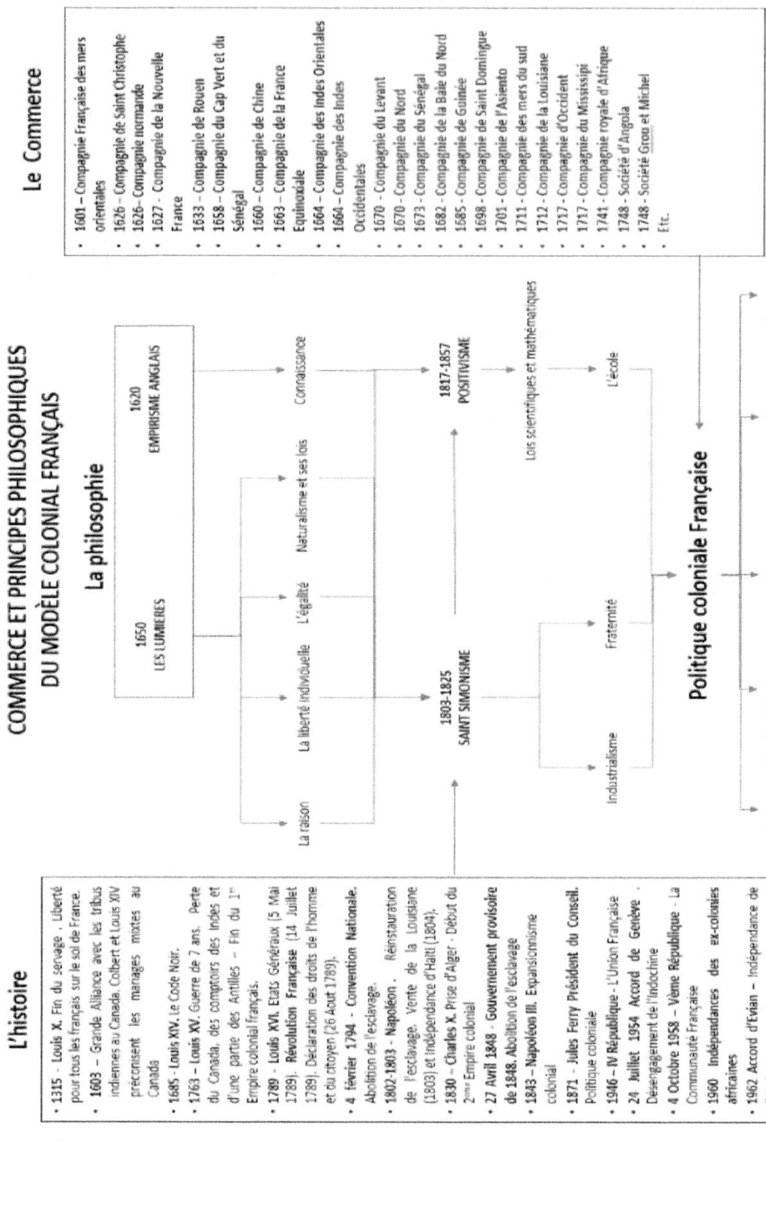
COMMERCE ET PRINCIPES PHILOSOPHIQUES DU MODÈLE COLONIAL FRANÇAIS
L'histoire
• 1315 - Louis X. Fin du servage . Liberté pour tous les français sur le sol de France.
• 1603 – Grande Alliance avec les tribus indiennes au Canada. Colbert et Louis XIV préconisent les mariages mixtes au Canada
• 1685 - Louis XIV. Le Code Noir.
• 1763 – Louis XV. Guerre de 7 ans. Perte du Canada, des comptoirs des Indes et d'une partie des Antilles – Fin du 1er Empire colonial français.
• 1789 - Louis XVI. Etats Généraux (5 Mai 1789). Révolution Française (14 Juillet 1789). Déclaration des droits de l'homme et du citoyen (26 Aout 1789).
• 4 février 1794 - Convention Nationale. Abolition de l'esclavage.
• 1802-1803 - Napoléon . Réinstauration de l'esclavage. Vente de la Louisiane (1803) et Indépendance d'Haïti (1804).
• 1830 – Charles X. Prise d'Alger - Début du 2ème Empire colonial
• 27 Avril 1848 - Gouvernement provisoire de 1848. Abolition de l'esclavage
• 1843 – Napoléon III. Expansionnisme colonial
• 1871 - Jules Ferry Président du Conseil. Politique coloniale
• 1946 – IV République - L'Union Française
• 24 Juillet 1954 Accord de Genève . Désengagement de l'Indochine
• 4 Octobre 1958 – Vème République - La Communauté Française
• 1960 Indépendances des ex-colonies africaines
• 1962 Accord d'Evian – Indépendance de l'Algérie
La philosophie
1650 LES LUMIERES
1620 EMPIRISME ANGLAIS
La raison
La liberté individuelle
L'égalité
Naturalisme et ses lois
Connaissance
1803-1825 SAINT SIMONISME
1817-1857 POSITIVISME
Lois scientifiques et mathématiques
Industrialisme
Fraternité
L'école
Politique coloniale Française
Représentativité parlementaire
Assimilation
Education Développement
Catholicisme Laïcité
Commerce
Le Commerce
• 1601 – Compagnie Française des mers orientales
• 1626 – Compagnie de Saint Christophe
• 1626– Compagnie normande
• 1627 - Compagnie de la Nouvelle France
• 1633 – Compagnie de Rouen
• 1658 – Compagnie du Cap Vert et du Sénégal
• 1660 – Compagnie de Chine
• 1663 – Compagnie de la France Equinoxiale
• 1664 – Compagnie des Indes Orientales
• 1664 – Compagnie des Indes Occidentales
• 1670 - Compagnie du Levant
• 1670 - Compagnie du Nord
• 1673 - Compagnie du Sénégal
• 1682 - Compagnie de la Baie du Nord
• 1685 - Compagnie de Guinée
• 1698 - Compagnie de Saint Domingue
• 1701 - Compagnie de l'Asiento
• 1711 - Compagnie des mers du sud
• 1712 - Compagnie de la Louisiane
• 1717 - Compagnie d'Occident
• 1717 - Compagnie du Mississipi
• 1741 - Compagnie royale d'Afrique
• 1748 - Société d'Angola
• 1748 - Société Grou et Michel
• Etc.

C - L'OPPOSITION DE LA PENSÉE HUMANISTE FRANÇAISE A L'IDENTITÉ RACIALISTE ANGLO-SAXONNE.

C-1 Le Traité de la Grande Alliance

Lors de la découverte des Amériques, et alors que l'Espagne et le Portugal ont déjà pris d'énormes possessions territoriales sur le continent américain, la France porte son regard vers le nord des Amériques. La présence de ressources apparemment illimitées de morues au large de Terre-Neuve incite les marins-pêcheurs français à lancer des expéditions saisonnières à l'embouchure du Saint-Laurent. On ne connaît pas alors la source de ce fleuve immense, et qui pourrait, dans l'esprit de l'époque, conduire en Chine.

Le roi François Ier a bien saisi l'enjeu stratégique des Amériques. À partir de l'année 1524, il finance plusieurs expéditions en Amérique du Nord pour contrebalancer le rapide développement des empires espagnol et portugais. De multiples reconnaissances des côtes et de l'intérieur du Saint-Laurent vont permettre l'établissement de cartes qui rendront possible, sous Henri IV, la création d'une colonie au Canada.

Elle prend forme dans l'expédition de Samuel de Champlain et François Gravé du Pont qui, en accostant à Tadoussac au confluent du Saint-Laurent et de la rivière Saguenay, vont conclure le 27 mai 1603 une alliance avec Anadabijou, le chef de la tribu des Montagnais, allié des Algonquins et des Etchemins.

Cette alliance, appelée la Grande Tabagie, fut célébrée entre les représentants des quatre nations (trois Indiennes et la Française) par le cérémonial du calumet de la paix.

C'est le premier traité franco-amérindien du Nouveau Monde, ouvrant la voie de la colonisation de la Nouvelle-France et de l'Amérique du Nord. Ainsi, grâce à cette alliance militaire et commerciale établie avec les populations autochtones, les comptoirs français vont pouvoir s'implanter en suivant l'embouchure du Saint-Laurent, et développer le commerce de fourrures.

C'est aussi, au niveau européen, la première manifestation d'un partenariat stratégique reposant sur une parole donnée et une confiance à accorder à des populations indiennes. Cette alliance locale se forge dans une fraternité d'armes, mais va entraîner la France dans des affrontements intertribaux. Elle explique la participation des Français aux guerres contre les Iroquois, alors ennemis des Montagnais et supplétifs des Hollandais puis des Anglais. Ces affrontements vont perdurer une centaine d'années, mais cette alliance initiale avec certaines tribus « sauvages », selon l'expression de l'époque, ne sera jamais remise en cause.

Eu égard à la densité démographique des tribus autochtones déjà présentes et le faible nombre de colons français dans cette partie du Nouveau Monde, il se construit des relations humaines très différentes de celles des protestants anglo-saxons.

Ainsi, en 1618, Samuel de Champlain dit aux Hurons : « Nos jeunes hommes marieront vos filles, et nous ne formerons plus qu'un peuple ».

En 1627, Richelieu participe à la création de la Charte de la Compagnie des Cent-Associés. Cette compagnie commerciale obtient les droits du sol et de commerce sur un immense territoire du sud au nord et à l'ouest du Mississippi.

Cette entité coloniale prévoyait dans son article 17 la naturalisation des Indiens avec les mêmes droits d'égalité que les Français : « *Les « Sauvages » qui seront amenés à la connoissance de la foi et en feront profession seront censés et réputés naturels françois, et comme tels pourront venir habiter en France, quand bon leur semblera, et y acquérir, tester, succéder et accepter donations et légats, tout ainsi que les vrais régnicoles et originaires françois, sans être tenus de prendre aucunes lettres de déclaration ni de naturalité.* »

Ce souhait d'intégration d'un peuple autochtone à la nation française paraît bien être la première démarche de naturalisation basée simplement sur le baptême.

L'Église catholique, représentée par la Compagnie de Jésus, a longtemps soutenu l'idée de faire un seul peuple en encourageant les mariages mixtes entre colons français et autochtones indiens, si ces derniers, bien évidemment, étaient convertis au catholicisme.

C'était une politique coloniale de francisation avant l'heure, s'appuyant notamment sur les enfants issus des mariages mixtes par l'éducation.

Alors que la colonisation française, au milieu du XVIIème siècle, ne s'appuie que sur quelques milliers de personnes au Canada, les colonies anglaises et hollandaises situées plus au sud dans la Nouvelle-Angleterre ont déjà une population de 200 000 âmes.

Ainsi en 1649, après le génocide des Hurons par les Iroquois, c'est vers les prêtres français que les restes du peuple huron vont se réfugier. Des liens d'osmose et de destinée commune se sont ainsi créés en quelques années, à tel point que Colbert encourage le mariage des colons avec les Amérindiennes converties pour construire une colonie agricole stable et pérenne.

Colbert écrit ainsi à l'Intendant Talon en charge de la colonie du Canada : « *Afin que par la succession du temps n'ayant qu'une mesme loy & un mesme maistre, ils ne fassent plus ainsy qu'un mesme peuple et un mesme sang* ».

Vers 1680, la monarchie de Louis XIV ira même jusqu'à offrir en dot 50 livres, appelé « présent du Roi », pour chaque Indienne qui épouserait un Français.

Toutefois, constatant les difficultés de civiliser à la fois les populations autochtones, mais aussi les « coureurs des bois » qui, au contact des Indiens, devenaient eux-mêmes des « sauvages » aux yeux de leurs contemporains, cette initiative ne durera que jusqu'au début du XVIIIème siècle, où l'interdiction des mariages mixtes mettra un terme à cette politique de mixité.

Pendant presque tout le XVIIème siècle, c'est donc une vision politique de fusion des « races » et un projet civilisationnel qui modèle la pensée du premier empire colonial français. Il est diamétralement opposé à l'approche coloniale protestante.

En effet, dans sa politique d'intégration et d'assimilation, le risque de corruption du « sang » n'existe pas, car la question du mélange des races ne se pose pas. En effet, à l'identique du modèle catholique, espagnol ou lusitanien, le « métissage » dans le système colonial français, s'impose presque tout naturellement. Par contre, il a le souhait affirmé de sortir les populations indiennes de croyances totémiques et de les sédentariser, car c'est le nomadisme qui les identifie à la sauvagerie. La politique coloniale française espère simplement que le caractère civilisationnel français prendra le pas sur la culture transhumante des « sauvages » à travers les descendances qui en résultent.

C-2 Le Code Noir

Le Code noir (1685) est le nom qui a été donné à une ordonnance royale de Louis XIV. Cet édit vient combler en son temps un vide juridique. En effet, l'esclavage est inconnu en France depuis plusieurs siècles or, il est pratiqué dans les nouvelles colonies du Nouveau monde. Le servage par contre, qui est différent de l'esclavage par l'attachement à une terre, a été aboli par une ordonnance de Louis X en 1315, soit en plein Moyen Âge, juste avant le début de la Guerre de Cent ans. Tous les hommes étant déclarés « nés libres », les serfs français pouvaient donc se libérer de leur état moyennant leur propre rachat. Ce principe fut inscrit par la suite dans les *Institutes Coustumières* d'Antoine Loysel (1607), qui précisait que tout homme foulant le sol français était donc libre : « Toutes personnes sont franches en ce Royaume, et sitôt qu'un esclave a atteint les marches d'icelui, se faisant baptiser, il est affranchi. »

Sous Richelieu, la volonté de mettre en valeur les îles françaises d'Amérique avait conduit Louis XIII à autoriser l'esclavage introduit dans la région par les Espagnols et les Hollandais. Louis XIV, alerté par ses intendants, décida de légiférer sur cet état de fait.

Les différents parlements de l'époque n'enregistrèrent ce nouvel édit de mars 1685 que dans les colonies dans lesquelles il y avait la présence d'esclaves. Entre autres, l'année même de sa promulgation et au cours des années qui suivirent, au Conseil souverain de Martinique, puis de Guadeloupe, à Saint-Domingue, en Guyane, aux Mascareignes (l'île Bourbon, actuelle île de la Réunion), à l'Île-de-France (actuelle île Maurice) et en Louisiane. Cet édit ne s'appliqua pas à la Nouvelle-France (Canada), régi alors par le principe général de liberté du droit français, pour les populations baptisées.

À l'origine, l'esclavage fut introduit dans ces nouvelles possessions ultramarines, par l'arrivée de colons hollandais chassés du Brésil. Ceux-ci vinrent s'installer dans les Antilles françaises. De même, la capture de galions espagnols transportant des esclaves augmenta cette nouvelle population sur des territoires désormais français. La culture de l'indigo, du tabac, puis celle du sucre, qui commença dans ces îles vers 1660, amena les différentes sociétés privées qui en avaient l'administration (la Compagnie des Iles d'Amérique (1635-1651) puis la Compagnie des Indes Occidentales (1664-1674)), à se lancer dans ce trafic d'esclaves pour fournir une main-d'œuvre aux exploitations agricoles implantées sur place.

Le Code noir connaîtra plusieurs évolutions jusqu'à la Révolution française. Il regroupe les lois, décisions royales, textes juridiques élaborés par le pouvoir monarchique pour les colonies et relatifs au gouvernement, à l'administration et à la condition des esclaves des pays du domaine colonial de la France.

Ce sont des textes qui prennent en compte la pratique coutumière qui existait dans ces régions, avec des précisions significatives sur le statut civil et pénal des esclaves, ainsi que les relations entre les maîtres et les esclaves. Ces textes et leurs applications évoluèrent dans le temps et pour chaque colonie.

Le Code Noir apporte, au moins dans son principe, une amélioration à la condition des esclaves. En effet, ceux-ci étaient jusque-là soumis à l'arbitraire du maître. Avec l'édit de Louis XIV, bien que réputés bien meubles, les esclaves sont considérés comme des personnes humaines, dotées d'une âme et susceptibles de salut. Ainsi, le Code noir appelle au baptême des esclaves et à leur instruction dans la foi catholique.

Cet ensemble de textes comprend également les dispositions portant sur le mariage, la sépulture, la pratique religieuse, qui ne peut être que catholique et exclut le protestantisme comme le judaïsme, et les relations adultérines créant une descendance en revendication ou bien souvent en complication.

La sanction des délits est fortement encadrée par le texte. Les châtiments extrêmes en usage répressif à cette époque, et s'appliquant, eux aussi, en métropole, ne peuvent se faire qu'à travers des tribunaux et non par le maître lui-même. En retour, les esclaves ont la possibilité de se plaindre auprès des juges locaux en cas d'excès ou de mauvais traitements.

Les esclaves peuvent être affranchis par leur propriétaire. Ils le sont de droit s'ils sont désignés légataires universels de leur maître.

Le Code noir est en soi un progrès significatif, car à l'époque, la condition des marins, des soldats, des mendiants, des criminels était encadrée par des lois parfois encore plus violentes. Si ce texte maintenait l'esclave dans sa condition de bien meuble, et perpétuait ainsi son statut antérieur d'esclave dans les royaumes africains, en revanche, il apportait, sur les terres du Roi de France, une régulation en droit des rapports entre les nouveaux maîtres et les esclaves.

Chez certains de nos contemporains, il est parfois de bon ton de porter un jugement négatif sur cet ensemble de réglementation qu'est le Code noir, car celui-ci ne remet pas en cause le principe de l'esclavage en soi. Il s'agit là d'un anachronisme, car comment juger une société et des lois anciennes à partir de principes humanistes qui n'arriveront dans la société qu'à la fin du XVIIIème et à compter du XIXème siècle ? Certains « philosophes » ou activistes politiques de notre temps s'y égarent pourtant.

Or le Code noir tranche tout particulièrement avec les législations, ou l'absence de législation, en vigueur chez les puissances étrangères rivales. Ainsi, par exemple, l'Angleterre, première puissance esclavagiste de l'époque, maintient les esclaves dans un complet vide juridique, laissant toute licence au maître. La France, sur ce sujet, peut se prévaloir d'avoir cent ans d'avance sur les Anglo-Saxons.

Il faudra attendre la fin du XVIIIème siècle pour que les Quakers puritains développent tout un réseau de clubs abolitionnistes en Angleterre, et obtiennent au XIXème siècle que soit mis un terme au trafic d'esclaves. Non pas pour abolir l'esclavage en tant que tel dans les colonies britanniques, car il y était toujours présent, mais pour en tarir la source.

Leur constat était qu'un esclave nouvellement arrivé, peu au fait des codes régissant les rapports entre maîtres et esclaves dans l'univers dans lequel il était projeté, se trouvait souvent bien plus docile et facile à contrôler qu'un esclave né au sein de ce système. Seulement son rendement n'existait qu'à travers du coercitif, qui demandait toujours un renouvellement de main-d'œuvre et donc il représentait un coût financier significatif. La lutte contre le trafic esclavagiste visait donc au départ l'intégration des esclaves précédemment arrivés, en vue d'optimiser la productivité économique des sociétés coloniales dans lesquels ils étaient installés.

Très concrètement, sous couvert d'une défense des valeurs morales et religieuses, l'affranchissement des esclaves avait pour objectif d'augmenter leur productivité au bénéfice des planteurs et du commerce. Cette logique protestante anglo-saxonne étant toujours à la recherche d'une optimalisation pragmatique de leur économie permit de jeter un voile pudique sur l'activité débordante des navires britanniques dans la déportation de millions d'Africains et leur terrible responsabilité dans le trafic de chair humaine du XVIIème et du XVIIIème siècles.

Durant cette période abolitionniste, les Anglais trouvèrent une nouvelle source de profits en s'octroyant, selon des principes philanthropiques biaisés, le droit de contrôler, d'arraisonner et de saisir tout navire contrevenant à leurs nouveaux principes. Il ne faisait en parallèle que conforter leur puissance maritime, déjà indiscutable, et leur contrôle des mers.

Ainsi, après toute une série de mesures qui limitèrent progressivement la traite négrière, ce n'est qu'à compter du 1er janvier 1838 que l'Angleterre finit par abolir l'esclavage. Au demeurant, cette évolution ne fut pas basée initialement sur les mêmes principes de Liberté et d'Égalité que la Révolution française et que les régimes qui suivirent. Philosophiquement, n'ayant pas répondu à la même démarche, le statut des anciens esclaves et des rapports avec leurs anciens maîtres anglo-saxons ne fut pas résolu. Il en résulta, jusqu'au XXème siècle, la politique racialiste de « *colour bar* » des États-Unis, de l'Afrique du sud et de l'Australie.

C-3 Le modèle colonial français du XIXème siècle

Après la guerre de Sept Ans en 1763, la France voit disparaitre son premier empire colonial. Basé initialement sur le commerce, comme l'était celui des Anglais, des Espagnols, des Hollandais et des Portugais, il ne restait plus de cet Empire colonial que quelques possessions aux Antilles (la Martinique, la Guadeloupe, Marie-Galante et Sainte-Lucie) et des comptoirs en Indes sans autorisation anglaise de pouvoir les fortifier. Ce premier empire colonial, construit de François Ier à Louis XV, perdait ainsi le Canada, les territoires situés à l'est du Mississippi, le Sénégal et toutes les autres îles des Antilles.

C'est au début du XIXème siècle qu'une nouvelle aventure coloniale prend forme. Souhaitée pour des raisons de politiques intérieures et pour faire face à la persistance d'une piraterie des barbaresques à Alger, cette volonté d'expansionnisme militaire s'appuie philosophiquement sur une pensée issue directement de l'humanisme des Lumières. C'est un esprit français ouvertement tourné vers le saint-simonisme puis vers le positivisme d'Auguste Comte.

L'expression coloniale de ces pensées philosophiques va prendre forme en Algérie après la conquête de 1830. Issue de la Commission scientifique de l'Algérie qui avait été fondée en 1839, une équipe de chercheurs composée de Prosper Enfantin et d'autres saint-simoniens rassembla entre 1840 et 1842 un important corpus scientifique et artistique, publié entre 1844 et 1867 sous le titre d'*Exploration scientifique de l'Algérie*. Cette conscience savante pour les richesses historiques et culturelles de l'Algérie fit des saint-simoniens des défenseurs du patrimoine culturel musulman. C'est sous la pression de ce courant arabophile et hostile aux convoitises des colons, que le maréchal Bugeaud prit des mesures conservatoires avec la circulaire du 25 mars 1844 visant la conservation des monuments historiques et des vestiges antiques, et celle du 26 août 1845 sur la collecte d'objets archéologiques pour le Musée algérien de Paris.

Les saint-simoniens se lancèrent dans des entreprises aussi variées que novatrices pour leur époque. Ils contribuèrent énormément au développement du chemin de fer et du transport maritime en Algérie. Ils s'intéressèrent aussi à l'exploitation minière et au développement de l'industrie agricole. Comme pour les *Explorations scientifiques de l'Algérie*, les saint-simoniens soutinrent le projet pour l'*Exploration des richesses minérales de l'Algérie*. Ainsi, Henri Fournel, ingénieur des mines et fervent militant saint-simonien, se vit chargé dès 1842 de l'étude du sous-sol algérien.

En 1846, le chef des saint-simoniens, Prosper Enfantin, regroupe des polytechniciens autour du projet du Canal de Suez qui sera repris quelques années plus tard par Ferdinand de Lesseps.

À l'opposé des conceptions anglo-saxonnes, l'expansion coloniale française est marquée par un allocentrisme conjugué à une « mission civilisatrice » quasi divine, telle que professé quelques années plus tard en 1864 par l'explorateur et lieutenant de vaisseau Francis Garnier, explorateur du Mékong :

« *Un pays comme la France, quand il pose le pied sur une terre étrangère et barbare, doit-il se proposer exclusivement pour but l'extension de son commerce et se contenter de ce mobile unique, l'appât du gain ? Cette nation généreuse, dont l'opinion régit l'Europe civilisée et dont les idées ont conquis le monde, a reçu de la Providence une plus haute mission, celle de l'émancipation, de l'appel à la lumière et à la liberté des races et des peuples encore esclaves de l'ignorance et du despotisme.* »

L'idée de progrès est la valeur fondamentale de la mission civilisatrice française. Cette idée est celle d'un progrès continu, technique, linéaire de l'humanité vers le perfectionnement intellectuel et la complexification sociale. Elle reflète un contexte de prédominance du positivisme sur l'ensemble des sciences sociales qui sont en train d'émerger, mais aussi sur une grande partie de la pensée politique et philosophique française et tout particulièrement au cours de la IIIème République.

Ce positivisme et cette foi extraordinaire en la science s'appuient sur un progrès technique et scientifique dont la France est porteuse, et qui doit s'étendre dans le monde à tous les espaces d'arriération (féodalisme) ou de sauvagerie. Ce progrès technique et scientifique appliqué aux espaces coloniaux sera en quelque sorte le moteur de la transformation des sociétés locales dans le sens de leur intégration dans cet espace impérial rêvé, utopique, but ultime de la colonisation.

Héritier des principes d'égalité de la Révolution, le projet colonial français porte un idéal d'égalité à établir entre individus-citoyens pour construire l'harmonie de la société. Il vise à éliminer les causes de désordre social que sont les séparatismes idéologiques ou raciaux, la reproduction systémique et la démesure dans les écarts de niveau de vie. Toutefois, c'est une égalité différée, non immédiatement instaurée, car il y a nécessité en premier lieu d'instruire les populations afin qu'elles s'émancipent de leurs héritages tribaux et sociétaux antérieurs. Néanmoins, l'idée que l'égalité pourra être atteinte un jour est présente dès son origine.

C'est donc sur l'Instruction que le projet colonial français fonde son idée de transformation des sociétés qu'elle colonise. C'est la particularité du modèle colonial français par rapport à d'autres types de colonisation, notamment celle menée par les Britanniques. Le modèle français s'appuie sur une administration forte et directe impliquant les populations indigènes. Dès les années 1910, une politique d'alliance et d'incorporation des classes dites « évoluées » ou instruites se met en place dans la société coloniale. De 1880 à 1910, il n'aura fallu que trente ans pour que l'intégration des sociétés colonisées se fasse autour de ce projet de développement conduit par la France.

En définitive, le projet colonial français au XIXème siècle s'inscrit dans un multiple héritage :

- Les « capitulations » de François 1er et de la Sublime Porte apportant un droit de protection aux populations chrétiennes d'Orient et qui assurera l'influence de la France sur le pourtour méditerranéen sous contrôle ottoman.

- L'alliance entre les colons français et les populations indiennes au Canada dès 1603 et la préconisation des mariages mixtes sous Colbert et Louis XIV.

- Le Code Noir établit par Louis XIV donnant aux esclaves un statut leur permettant d'échapper partiellement à l'arbitraire, aux violences et aux mauvais traitements de leurs maîtres.

- Au XIXème siècle, une compétition avec l'Angleterre et l'Allemagne, elles aussi en recherche de territoires considérés comme *terra nullius* selon l'interprétation de l'époque, c'est-à-dire non peuplés par des populations sédentaires et agricoles. Certains territoires d'Afrique noire (Afrique Centrale), d'Amérique du Nord (La conquête de l'Ouest), l'Australie, étant alors considéré comme vierge et pouvant faire l'objet d'une colonisation.

- Une volonté humaniste et saint-simonienne de civiliser le monde et d'apporter un bien-être à l'humanité par l'avènement des sciences et des technologies.

- La soif de découvertes d'explorateurs et la volonté de militaires de cartographier et d'étendre une emprise sur de nouveaux territoires.

- Un souhait politique de projeter un rêve de grandeur sous la Restauration et la IIIème République après la grandeur passée de l'Empire napoléonien.

- Une convergence avec le clergé en vue d'évangéliser de nouvelles populations.

- Un principe d'égalité différé aux populations colonisées qui par les connaissances, les sciences et l'industrialisation ont vocation à devenir, à terme, des Français.

- En comparaison avec le modèle colonial britannique, une forte présence de l'instruction publique dans les colonies.

En France, ces neuf facteurs entreront en opposition au XIXème siècle avec plusieurs sensibilités opposées au colonialisme :

- Le constat fait par certains militaires et politiques de l'époque que ces efforts coloniaux affaiblissent une volonté de reprise de l'Alsace-Lorraine.

- La crainte qu'une représentativité des colonies à l'Assemblée ne soit pas un reflet réel des populations autochtones et ne devienne surtout l'objet d'un clientélisme du pouvoir en place.
- Le risque que les moyens financiers et administratifs projetés se fassent au détriment du développement de la France métropolitaine.

C-4 Le modèle colonial anglo-saxon

La colonisation anglaise fut, dès son origine, une colonisation à vocation commerciale.

Les territoires nouvellement conquis étaient livrés à des compagnies à charte (compagnies privées) avec des monopoles commerciaux. Les acteurs de ces sociétés étaient eux-mêmes représentés au Parlement anglais et leurs activités finançaient le trésor de la couronne britannique.

Créée dès 1600, la *British East India Company* se projeta ainsi aux Indes (1615), en Chine (1711, 1839), en Amérique (Tea Act 1773), à Singapour (1817), en Birmanie (1824-1886). Elle eut sa propre administration et sa propre armée avant de céder sa place au milieu du XIXème siècle à une administration directe de la couronne britannique.

La *Royal African Company*, quant à elle, fut créée en 1672. Elle fut le pilier du développement de la traite négrière du Royaume-Uni pour assurer les succès de l'exploitation sucrière et l'économie de plantations dans les Caraïbes. Cette compagnie fut relayée ensuite par des commerçants anglais à partir de 1698, avec le concours du parlement et la bénédiction de Jacques II, le duc d'York et roi d'Angleterre, monté sur le trône en 1685, et qui patronnait le lobby des esclavagistes.

Les Britanniques se sont livrés à la traite négrière transatlantique à partir de 1550. La révolution industrielle de la région anglaise des Midlands, notamment avec le métal de Birmingham et les textiles de Manchester, ravitailla l'Afrique pour un coût dérisoire : des couteaux, des armes, des tissus en échange d'esclaves. Cette aventure marchande débute sur les côtes de l'Afrique de l'Ouest et se poursuit jusqu'au golfe du Bénin, pour exploiter l'or de la rivière Gambie et pour se fournir en esclaves destinés aux colonies du Nouveau Monde. En descendant le long du Golfe de Guinée, les flottes mercantilistes du Royaume-Uni débarquent sur le littoral de la côte dite d'Angole, notamment celle du royaume de Loango, ou « Baie de Loango », à partir de la seconde moitié du XVIIIème siècle.

De par ses besoins en force de travail, pour ses possessions dans les Antilles (Jamaïque, Bahamas, Dominique) et dans la Nouvelle-Angleterre (Amérique), la Grande-Bretagne a été l'une des nations au cœur du trafic négrier sur la baie de Loango. Le trafic des années 1700 à 1760 marque l'apogée de la traite anglaise. Au XVIIIème siècle, la Grande-Bretagne devint ainsi la première puissance négrière du monde. La traite négrière a été cruciale pour le développement de l'économie et des finances britanniques, même les institutions d'assurance ont supporté la traite négrière et beaucoup d'affaires ont été financées par les profits issus de ce commerce. Ainsi, la famille anglaise Barclays, qui possédait des plantations en Jamaïque, a accumulé des capitaux qui lui ont permis de construire la Barclays Bank, l'une des premières banques transnationales du XXème siècle.

Au-delà de son activité marchande, dans les territoires où les Anglo-Saxons sont démographiquement peu nombreux, le système colonial britannique est qualifié d'administration indirecte ou « *indirect rule* », l'administration des colonies se faisant sur place avec une large liberté accordée aux autorités locales. Dans ce système, les Anglais vont s'appuyer sur les structures traditionnelles. Les chefs indigènes perçoivent les impôts, rendent la justice et participent à la vie politique locale, mais surtout maintiennent leurs populations sous une domination tribale, religieuse ou de caste inchangée. Les Anglais faisant du commerce à l'exportation, c'est l'encadrement de la production locale fait par les potentats locaux qui leur permet de drainer à eux les matières premières recherchées sur les territoires dont ils ont le monopole. Ils perpétuent ainsi de façon indirecte le système des castes et contribuent à l'exploitation par l'esclavage.

Cette approche d'administration indirecte tire son origine de l'organisation monarchique britannique. C'est le principe de subsidiarité s'appuyant sur la vassalité qui crée les alliances permettant la protection et l'expansion des colonies anglaises. Ce sont des accords de concession commerciale faits par la noblesse autochtone à la Reine ou au Roi d'Angleterre. La Couronne britannique propose aux pouvoirs traditionnels de se soumettre à eux, et en contrepartie leur légitimité locale est reconnue. En devenant ainsi vassal d'une monarchie lointaine, les potentats indigènes continuent à gérer les affaires courantes de leurs populations et se protègent de revendications territoriales venant d'autres compétiteurs en intégrant l'Empire britannique.

Il en résulte une séparation de fait des populations. D'un côté, les populations administratives, marchandes et militaires d'origine occidentale et anglaise et de l'autre des populations indigènes laissées à leurs évolutions propres.

Toutefois, pour les colonies de peuplement principalement européen et ne comportant qu'une population réduite d'autochtones, cette architecture pragmatique d'un contrôle des territoires donne naissance à une autre forme de gestion de la société : les Dominions.

Dès 1876, le Canada et, à compter de 1907, l'Australie, la Nouvelle-Zélande et les provinces d'Afrique du Sud deviendront des dominions. Il s'agit d'États-membres autonomes de l'Empire britannique puis du Commonwealth. Initialement, les dominions ne sont pas pleinement indépendants, le Royaume-Uni gardant la souveraineté sur les questions de relations internationales, de diplomatie, de guerre, de citoyenneté, ainsi que la plus haute instance judiciaire.

Ce statut particulier n'est donné qu'aux territoires ethniquement homogènes et peuplés majoritairement d'Européens. Par exemple, il n'est pas donné dans un premier temps au XIXème siècle à l'Inde, au Pakistan, ni au Nigéria. Les colonies anglaises avec des populations ethniques « non blanches » n'obtiendront ce statut qu'après la deuxième guerre mondiale, juste quelques années avant leurs indépendances.

Sur une emprise territoriale, la primauté des droits raciaux des Britanniques et des Boers protestants va se manifester clairement dans l'évolution de l'Afrique du Sud où le rapport démographique avec les populations bantous va jouer en leur défaveur. L'expression racialiste du dominion sud-africain et de la prédominance raciale anglo-saxonne se manifestera pleinement avec l'Apartheid.

On retrouve aussi, dès son origine, la même évolution dans les colonies anglaises devenues ensuite américaines dans le Sud des États-Unis qui s'inscrivent, elles aussi, dans cette lecture racialiste développée par la politique anglo-saxonne britannique. Le regard qu'elle porte sur les Amérindiens ou les Aborigènes d'Australie, ainsi que sur les populations noires esclaves, différencie les droits de chacun et ne donne aucune égalité avec les colons anglo-saxons.

La lecture racialiste et raciste anglaise est associée à un messianisme propre au calvinisme anglais, très puritain et séparé de l'Église anglicane. Dès 1609, soit quelques années avant le débarquement du Mayflower à Plymouth en 1620, le révérend William Symonds, dans son « Sermon sur la Virginie » (« *Sermon Preached at White-Chapel* », 1609), invitait ses paroissiens à évangéliser ce nouveau monde sans crainte. Il prêchait que les Amérindiens ne s'opposeraient pas à leur volonté, étant dépourvus de forces et de vraies armes, et leurs villes n'étant pas fortifiées. Par des paraboles d'inspiration bibliques, il décrivait les Amérindiens comme « *des créatures infernales, ignorant les règles de la pudeur, et ne connaissant d'autre Dieu que le Diable* » avec lesquels il y avait une interdiction formelle de s'accoupler pour former des mariages mixtes.

Les colons anglais furent vite convaincus qu'il leur fallait assumer une « mission sacrée » : celle de conquérir les territoires du « Malin ».

William Bradford, l'un des Pères Pèlerins (*Pilgrim Fathers*) qui fonda en 1620 la colonie de Plymouth en Nouvelle-Angleterre, a laissé un témoignage très significatif : « *Dieu a voulu qu'une peste emporte la plupart des sauvages pour nous faire place.* » Les colons considérèrent que le territoire sur lequel ils s'étaient installés leur avait été assigné par la Providence et qu'il n'y avait guère de place pour les « Sauvages ».

Il en résultera de 1610 à 1879, soit en presque 250 ans, le quasi-anéantissement des Amérindiens par un ensemble de mesures associant affrontements, déportations, propagation de maladies (parfois volontaire) et destructions programmées des ressources alimentaires (bisons).

Par opposition à cette politique racialiste affirmée, on rappelle, comme il a été précédemment dit, le comportement des colons français emmené par Champlain au Canada qui signe un traité de paix avec les Indiens Montagnais et leurs alliés en 1603. Puis de toute la politique de préconisation des mariages mixtes franco-amérindiens pendant tout le XVIIème siècle au Canada.

De même, cent ans avant la conception mêlant messianisme calviniste et racialisme anglo-saxon qui caractérisera la pensée coloniale britannique, on peut noter aussi en comparaison l'approche universaliste catholique et non raciste latine de la colonisation espagnole de Charles Quint qui, dès 1526, publia un décret interdisant l'esclavage des Indiens sur tout le territoire de son empire. En 1542, les « lois nouvelles » furent promulguées, qui proclamèrent la liberté naturelle des Indiens (et obligèrent à la remise en liberté des esclaves indiens), tout en affirmant leur liberté de travail, leur liberté de résidence et leur libre propriété des biens, en punissant ceux qui seraient violents ou agressifs envers eux.

De même, treize ans avant la controverse de Valladolid (1550-1551), en 1537, dans la bulle pontificale *Sublimis Deus* et dans la lettre *Veritas ipsa*, le pape Paul III avait déjà condamné officiellement, au nom de l'Église catholique, l'esclavage des Indiens : « D'autres peuples encore qui sont parvenus à notre connaissance ces temps-ci » (*Veritas ipsa*) et de « tous les autres peuples qui peuvent être plus tard découverts par les Chrétiens » (*Sublimis Deus*). Dans ces deux documents, Paul III affirme que les Indiens et les autres peuples sont de « véritables êtres humains » (*Veritas ipsa*), que leur liberté et leur propriété doivent être respectées « même s'ils demeurent en dehors de la foi de Jésus-Christ » (*Sublimis Deus*). Ces derniers doivent être « invités à ladite foi du Christ par la prédication de la parole de Dieu et par l'exemple d'une vie vertueuse » (*Veritas ipsa*).

On mesure ici combien, dans la conception catholique, les relations avec les autres races diffèrent de celles du monde protestant.

Pour les Britanniques, il n'est pas nécessaire de contrôler directement les populations, ni d'apporter une modification aux systèmes locaux sur une base philosophique ou religieuse. Le système anglais se satisfait d'une solution de coexistence à deux niveaux : d'une part, un pouvoir anglo-saxon se considérant racialement supérieur et vassalisant les potentats locaux, d'autre part, des populations autochtones nullement bénéficiaire, pour la même raison, d'un même droit d'égalité. Lorsque le rapport démographique joue en faveur des Anglo-Saxons comme en Amérique et en Australie, il en va tout autrement. La solution est alors l'élimination pure et simple par divers moyens : la spoliation de leur espace vital, la déportation, les maladies importées et le génocide par extermination parfois systématique des populations autochtones (Tasmanie, Australie, États-Unis).

Pour résumer, le projet colonial britannique au XIXème siècle se différencie de celui de la France sur plusieurs points essentiels et fondamentaux :

- Il ne porte aucun projet visant une amélioration des conditions d'existence des indigènes. Il n'est ni saint-simonien, ni positiviste.
- Il ne porte à aucun moment, bien au contraire, la notion d'égalité entre les hommes au sein de l'empire britannique et du monde anglo-saxon.

- Antérieurement au XIXème siècle, il n'existe chez les Anglo-Saxons aucune législation sur l'esclavage à la différence du Code Noir français.

- Le projet colonial anglo-saxon n'a presque aucun représentant autochtone ou métis aux Parlements ou à la Chambre des Lords anglais. De 1782 à 1893, il n'y aura que 6 représentants mulâtres comme membres du Parlement et plus aucun autre jusqu'en 1987, où la première femme noire sera élue. Du XVIIIème jusqu'aux années 1960, il n'y aura que six représentants d'origine indienne au Parlement anglais.

- Il n'a qu'une vocation marchande permettant d'importer vers l'Angleterre ou vers les autres comptoirs de l'Empire des productions locales (thé, tabac, café, sucre, opium, condiments, pelleteries, fourrures, caoutchouc, laine, soie, esclaves) et d'exporter chez eux des biens manufacturés.

- Il s'appuie sur une identité racialiste et un messianisme protestant (croyance en une « élection » et en une mission divine).

- Il s'oppose radicalement à la mixité raciale à la différence des modèles lusitanien, espagnol ou français.

- Il est brutal et génocidaire quand le rapport démographique joue en sa faveur (Amérindiens et Aborigènes).

Dans son essence commerçante, il reprend à son compte la politique des villes marchandes italiennes (Gênes, Venise) et hollandaises (Amsterdam, sa concurrente continentale), jetant ainsi les bases de la mondialisation économique des XXème et XXIème siècles.

C-5 De l'imposture du racisme « systémique » de la colonisation française

La spécificité française se lit d'abord dans l'ancienneté de la présence noire au Parlement, indépendamment de tout racialisme. La Convention avait accueilli dès l'an II (1793) les députés de Saint-Domingue, Jean-Baptiste Bellay, Louis-Pierre Dufay et Jean-Baptiste Mills. En 1848, les anciens esclaves des Antilles furent, par décret, érigés en nouveaux citoyens, leur attribuant une représentation parlementaire qui ouvrit à Louisy Mathieu (Guadeloupe) et Victor Mazuline (Martinique), les portes du Parlement.

C'est sous la Troisième République que des hommes issus des colonies, perçus comme noirs ou métis, s'affirmèrent peu à peu comme des parlementaires de stature nationale. Le Guadeloupéen Gaston Gerville-Réache (1881-1906) est l'un des premiers « hommes de couleur » de stature nationale de la Troisième République. Soutenu par Victor Schœlcher, il évolua vers des positions modérées avant d'être élu à la vice-présidence de la Chambre (1904). Sa présence au Palais-Bourbon témoigne de l'investissement de la sphère politique coloniale par une élite mulâtre républicaine constituée sous l'esclavage puis avec la République contre la « plantocratie » blanche et monarchiste. Hégésippe Légitimus, député guadeloupéen (1898-1914), incarne à l'échelle locale le socialisme, disputant la suprématie politique à l'élite mulâtre républicaine.

Le Sénégal était représenté par des mulâtres, Barthélémy Durand-Valantin (1848-1849) puis John Sleigh (1851).

Quelques années plus tard, en Guadeloupe Gratien Candace (1912-1940) et Blaise Diagne au Sénégal (1914-1934) sont les deux représentants d'une génération d'ultramarins noirs ayant atteint une stature politique nationale, passant du groupe des républicains-socialistes à l'aile gauche des modérés.

Depuis 1767 jusqu'aux années 1960, ce seront ainsi 160 députés d'Algérie, d'Afrique Noire, des Antilles, de Guyane, de Madagascar, de Polynésie, qui feront leur entrée à la Chambre des Députés, avec par exemple Sourou Migan Apity, Jean Hilaire Aubame, Léopold Sedar Senghor, Douala Manga Bell, Barthélémy Boganda, Mamba Sano.

Plus récemment, en Algérie, le Dr. Chérif Sid Cara fut l'une des principales personnalités politiques musulmanes pro-Algérie française pendant la Guerre d'Algérie, et un des trois seuls secrétaires d'État algériens musulmans de la République française après Abdelkader Barakrok et avant sa sœur Nafissa Sid Cara, après laquelle il fallut attendre 40 ans et l'avènement d'un nouveau gouvernement de droite (1995, Gouvernement Juppé) pour voir un membre musulman dans un gouvernement français, Tokia Saïfi, rejointe ensuite par un vétéran de l'Algérie française, Hamlaoui Mékachéra.

Le Dr. Chérif Sid Cara fut tour à tour conseiller de la République, c'est-à-dire sénateur (élu le 8 décembre 1946 sur la Liste démocratique d'union franco-musulmane, réélu le 7 novembre 1948 et le 18 mai 1952), puis député (élu le 20 septembre 1953, réélu le 30 novembre 1958 sur la liste de l'Union pour le renouveau de l'Algérie française). Il siégea également au Sénat en tant que membre apparenté au « Groupe du rassemblement des gauches républicaines et de la Gauche démocratique » d'avril 1949 à septembre 1953.

Brièvement secrétaire d'État à l'Algérie à la fin de la Quatrième République dans les gouvernements Bourgès-Maunoury (12 juin - 30 septembre 1957) et Gaillard (6 novembre 1957 - 15 avril 1958), il devint ensuite coprésident, avec le Général Jacques Massu, du Comité de Salut Public (pré-putschistes pro-Algérie française qui permirent l'arrivée de De Gaulle au pouvoir) en mai 1958. Il fut ensuite réélu en novembre à l'Assemblée Nationale, où il siégea jusqu'en 1962.

En 1959, sa sœur Nafissa Sid Cara fut aussi élue députée d'Alger, puis fut membre du gouvernement français jusqu'en 1962.

Ainsi, concernant la politique coloniale française, il n'est pas possible de parler d'un « racisme systémique » basé sur la couleur de peau ou sur l'origine ethnique. Sous la Monarchie comme sous la République, la race n'a jamais été un critère opérant au plan politique.

Alors que dans la politique anglo-saxonne, anglaise aussi bien qu'américaine, ce fut exactement l'inverse. En comparaison, de 1870 à 1960, il n'y eut aux États-Unis que deux sénateurs d'origine noire : le premier Afro-Américain, sénateur de Louisiane, Hiram Rhodes Revels, en 1870, suivi par Blanche Kelso Bruce en 1874, élu sénateur du Mississippi. Après la guerre de Sécession, durant toute la période qui court de la « post-reconstruction » jusqu'à la fin des lois racialistes Jim Crow (de 1870 à 1963, soit pendant près d'un siècle), il n'y eut au total que 26 membres du Congrès d'origine Afro-américaine, avec des limitations géographiques électives contraignantes (*gerrymandered*). Les lois « Jim Crow » étaient des lois étatiques et locales introduites dans le sud des États-Unis à la fin du XIXème et au début du XXème siècle qui imposaient la ségrégation raciale (« Jim Crow » étant un terme péjoratif pour désigner un Afro-Américain). Ces lois restèrent en vigueur jusque dans les années 1960.

En Angleterre, la mise à l'écart des représentants non-Européens fut encore plus évidente, puisque les pouvoirs étaient répartis de façon séparée entre Londres et le Raj Indien. À la suite du rattachement de l'Inde à la Couronne, à partir de 1861, les Indes britanniques furent gouvernées par l'Imperial Legislative Council. Les représentants indiens étaient alors presque exclusivement représentés dans cette seule institution.

On ne dénombre dans l'histoire coloniale britannique de 1767 aux années 1980, en tout et pour tout, que six représentants d'origine métis ou indienne dont David Dyce Sombre en 1841, Dadabhai Naoroji en 1892, suivi par Sir Mancherjee Merwanjee Bhownaggree en 1895, qui furent élus à la chambre basse du Parlement anglais (*House of Commons*).

Cette approche comparative de la représentativité raciale au sein des Institutions des deux modèles, français et anglais, ne laisse place à aucune ambiguïté : du côté de la France, des populations ultramarines associées au pouvoir métropolitain par le biais de leurs représentants, et leur participation aux valeurs de progrès politique et social, avec un objectif d'égalité entre les hommes, a contrario, du côté anglo-saxon, une approche marchande couplée à une séparation des races. Ce racialisme anglo-saxon eut pour corollaire aussi bien l'apartheid en Afrique du Sud que la ségrégation aux États-Unis, laquelle est toujours de facto en vigueur aujourd'hui outre-Atlantique, par-delà des beaux discours.

DEPUTES AUX ASCENDANCES ETHNIQUES DANS LES PARLEMENTS 1767 - 1960

	FRANCE				ANGLETERRE		ETATS-UNIS
	Députés des pays, territoires, protectorats, départements			N°	Mulatre	N°	Afro-américain et mulatre
N°	Algérie			1	James Townsend	1	Joseph Rainey
1	Abbès Moulessehoul	36	Menouar Saïah	2	Richard Beckford	2	Jefferson F. Long
2	Abdallah Tebib	37	Messaoud Hawes Boukadoum	3	Ralph Benson	3	Robert C. De Large
3	Abdelbaki Chibi	38	Mohamed Agha-mir	4	John Stewart	4	John R. Lynch
4	Abdelkader Barakrok	39	Mohamed Baouya	5	Henry Galgacus Redhead Yorke	5	Alonzo J. Ransier
5	Abdelkader Cadi	40	Mohamed Barboucha	6	Peter McLagan	6	James E. O'Hara
6	Abdelkader Mahdad	41	Mohamed Bedredine			7	Henry P. Cheatham
7	Abdelmadjid Benhacine	42	Mohamed Ben Kaddour Bentaïeb		**Métis indien**	8	John Mercer Langston
8	Abdelmadjid Ourabah	43	Mohamed Bendjelloul	7	Charles Cecil Martyn	9	Thomas E. Miller
9	Abderrahmane Bentounès	44	Mohamed Bengana	8	David Ochterlony Dyce Sombre	10	George Henry White
10	Abderrahmane Djemad	45	Mohamed Boudi	9	Ernest Soares	11	Arthur W. Mitchell
11	Abdesselam Benkhelil	46	Mohamed Boulsane	10	Shapurji Saklatvala	12	Adam Clayton Powell Jr
12	Ahcène Ioualalen	47	Mohamed Cherif Benkeddache			13	Robert B. Elliott
13	Ahmed Aït-Ali	48	Mohamed Ihaddaden		**Indien**	14	Benjamin S. Turner
14	Ahmed Boutalbi	49	Mohamed Khider	11	Dadabhai Naoroji	15	Josiah T. Walls
15	Ahmed Djebbour	50	Mohamed Lamine Debaghine	12	Mancherjee Bhownagree	16	Richard H. Cain
16	Ahmed Francis	51	Mohamed Laradji	13	Satyendra Prasanno Sinha, 1st Baron Sinha	17	James T. Rapier
17	Ahmed Mekki-Bezzeghoud	52	Mohamed Mokhtari	14	Arun Kumar Sinha, 2nd Baron Sinha	18	Jeremiah Haralson
18	Ahmed Mezerna	53	Mohamed-Kébir Békri			19	John Adams Hyman
19	Ahmed Saadane	54	Mohamed-Tahar Zeghouf			20	Charles E. Nash
20	Ali Ben Lakhdar Brahimi	55	Mohammed Djouini			21	Robert Smalls
21	Ali Bendjelida	56	Mostefa Benbahmed			22	George W. Murray
22	Ali Cadi	57	Mourad Kaouah			23	Oscar Stanton De Priest
23	Ali Guettaf	58	Mustapha Deramchi			24	William L. Dawson
24	Ali Mallem	59	Nafissa Sid Cara			25	Charles Diggs
25	Ali Saadi	60	Noureddine Hassani			26	Robert N. C. Nix Sr.
26	Allaoua Ben Aly Chérif	61	Ouali Azem				
27	Amar Naroun	62	Rebiha Khebtani				
28	Amar Smaïl	63	Robert Abdesselam				
29	Belaïd Bouhadjera	64	Saïd Boualam				
30	Benalia Benelkadi	65	Slimane Belabed				
31	Berrezoug Saïdi	66	Youssef Kessous				
32	Brahim Sahnouni	67	Daoud Ben Saïd				
33	Cheikh Benssedick	68	Djelloul Berrouaïne				
34	Chérif Hadj Saïd	69	Djelloul Ould Kadi				
35	Chérif Sid Cara	70	Djilali Hakiki				
	https://www2.assemblee-nationale.fr/sycomore/recherche				https://en.wikipedia.org/wiki/List_of_ethnic_minority_politicians_in_the_United_Kingdom		https://en.wikipedia.org/wiki/List_of_African-American_United_States_representatives

DEPUTES AUX ASCENDANCES ETHNIQUES DANS LES PARLEMENTS 1767 - 1960

	FRANCE			ANGLETERRE	ETATS-UNIS
	Algérie		**Guadeloupe**		
71	Djillali Kaddari	119	Hégésippe, Jean Legitimus		
72	El Hadi Mostefaï	120	Achille René-Boisneuf		
73	Ferhat Abbas	121	Gratien Candace		
74	Ghalamallah Laribi	122	Furcie Tirolien		
75	Hachemi Benchennouf	123	Maurice Satineau		
76	Hachmi Boudjedir	124	Eugénie Éboué-Tell		
77	Hafid Maloum	125	Paul, Calixte Valentino		
78	Hamza Al-Sid-Boubakeur	126	Gerty, Bernadette Archimède		
79	Haoues Bey Lagoun	127	Louisy Mathieu		
80	Jamel Derdour				
81	Kada Boutarène		**Martinique**		
82	Kaddour Sator	128	Aimé, Fernand, David Césaire		
83	Khaddour Messaoudi	129	Victore severe		
84	Kheira Bouabsa	130	Léopold Bissol		
85	Khelil Benhalla	131	Jean Maran		
86	Makhlouf Gahlam	132	Pierre-Jean Samot		
N°	**Soudan**	133	Emmanuel Véry-Hermence		
87	Gaston Kaouza	134	Victor Mazuline		
88	Fily-Dabo Sissoko				
			Territoire français des Affars et des Issas		
	Senegal	135	Ahmed-Idriss Moussa		
89	Amadou Lamine-Guèye	136	Omar Farah Iltireh		
90	Léopold Sedar Senghor	137	Moussa Ali Abdoulkader		
91	Abbas Gueye	138	Harbi Farah Mahamoud		
92	Mamadou Dia	139	Hassan Gouled		
93	Galandou Diouf				
94	Blaise Diagne		**Gabon**		
95	John Sleigth	140	Jean Félix-Tchicaya		
96	Barthélémy Durand-Valantin	141	Jean-Hilaire Aubame		
	Tchad		**Dahomey**		
97	Arabi El Goni	142	Joseph, Marcellin Apithy		
98	Mohamed Bechir-Sow				
99	Quatre Sou Quatre		**Togo**		
		143	Hubert, Coutoucou Maga		
	Oubangui-Chari				
100	Barthélémy Boganda		**Cote d'ivoire**		
		144	Sekou Sanogo		
	Moyen Congo	145	Philippe Kaboré-Zinda		
101	Jean Félix-Tchicaya	146	Félix Houphouët-Boigny		
	Mauritanie		**Cameroun**		
102	N'Diaye Sidi El Moktar	147	Alexandre Douala Manga Bell		
103	Babana Horma	148	Jules, Thaïs Ninine		
		149	André-Marie Mbida		
	Madagascar				
104	Jacques Rabemananjara		**Comores**		
105	Philibert Tsiranana	150	Said Ibrahim		
106	Saïd Mohamed Ben Abdallah Cheikh	151	Ahmed Mohamed		
107	ZZZ Rakotovelo	152	Mohamed Dahalani		
108	Joseph Ravoahangy-Andrianavalona				
109	Joseph Raseta		**Guinée**		
		153	Saïfoulaye Diallo		
	Haute volta	154	Sékou Touré		
110	Joseph, Issoufou Conombo	155	Diawadou Barry		
111	Nazi Boni	156	Mamba Sano		
112	Mamadou Ouedraogo	157	Yacine Diallo		
		158	Albert Liurette		
	Guyane				
113	Léopold Héder		**Polynésie**		
114	Léon Damas	159	Tetuaapua, Pouvanaa Oopa		
115	Gaston Monnerville	160	Marcel, Pouvanaa Oopa		
116	Elie Castor				
117	Paulin Bruné				
	Inde				
118	Deiva Zivarattinam				
	https://www2.assemblee-nationale.fr/sycomore/recherche			https://en.wikipedia.org/wiki/List_of_ethnic_minority_politicians_in_the_United_Kingdom	https://en.wikipedia.org/wiki/List_of_African-American_United_States_representatives

D - DE LA CONSTRUCTION DE L’ÉTAT-NATION FRANCE

Un État-nation est un concept politique et historique, désignant la juxtaposition d'un État, en tant qu'organisation politique, à une nation, c'est-à-dire des individus qui se considèrent comme liés et appartenant à un même groupe civilisationnel.

C'est une notion d'ordre identitaire qui peut être racialiste, culturelle, linguistique, spirituelle ou idéologique, formant l'appartenance à un groupe, la nation, et une notion d'ordre juridique, fondant un principe de souveraineté et d'institutions politiques et administratives qui l'exercent, l'État.

L’État-nation français s’est construit sur la Monarchie, puis sur la Révolution, l’Empire et la République. C’est une somme d’agrégats territoriaux, de particularismes régionaux et de peuples qui s’est bâtie sur les alliances de sang et par les conquêtes. Du mariage de Romains à des Gaulois, puis de Francs, de Burgondes, de Wisigoths, de Vikings (Normandie) à des populations gallo-romaines, ont émergé les débuts d’une entité s’organisant autour de la monarchie. Des ajouts se sont faits en intégrant de nouvelles régions souvent vassales (Languedoc, Normandie, Bretagne, Béarn, duché de Bourgogne), ou par des apports volontaires (Savoie) et par des conquêtes sur ses voisins (Alsace, Nice, Corse). L’esprit d’une nation s’est aussi peu à peu forgé lors des confrontations avec d’autres monarchies sur des revendications territoriales (Guerre de Cent Ans) ou en contestation lors d’une rupture dynastique (Révolution).

La langue française, liant tous ces caractères géographiques, a contribué à forger un sentiment commun d’appartenance à une même entité. Après avoir été véhiculé par l'imprimerie, le français est devenu la seule langue officielle, stimulée par l'ordonnance de Villers-Cotterêts en 1539, qui en fit la langue administrative du royaume.

Durant la monarchie, dès Clovis, c'est l'autorité d'un pouvoir conféré par Dieu (le sacre de Reims) qui unifie les peuples et les entités territoriales autour du roi. L'unité est ainsi consacrée, par l'entremise de l'Église, directement par Dieu.

Plus récemment, au XIXème siècle, la Révolution et l'aventure Napoléonienne conquérante dans toute l'Europe a créé un sentiment national autour du drapeau bleu-blanc-rouge. Le patriotisme a été renforcé par le système politique Républicain de la IIIème République qui, après la perte de l'Alsace-Lorraine en 1870, souhaita exalter un désir de reconquête au sein de la population. Dans ce cadre, l'école gratuite, laïque et obligatoire fut créée par Jules Ferry à la fin du XIXème siècle, promouvant les valeurs patriotiques, tandis que fut instauré le service militaire, grand brasseur de la langue française dans la paysannerie des régions de France. Divers symboles furent régulièrement mis en avant, comme le drapeau tricolore, Marianne, Jeanne d'Arc et la Marseillaise.

L'alternance de ces divers systèmes politiques entraîna des dissensions. Monarchistes et républicains s'affrontèrent sur la question de savoir si le pouvoir politique devait être fondé sur une conception religieuse ou laïque. Cependant, ces affrontements idéologiques et spirituels s'effacèrent toujours, au nom de l'Union sacrée, face à un envahisseur (les Allemands).

La construction de l'État-nation français n'est donc pas une théorie, contrairement à ce qu'affirment certains fédéralistes européens (Mario Albertini) ou marxistes (Karl Marx). En effet, elle repose sur un continuum ayant ainsi forgé une histoire commune. La théorie est une abstraction, alors que l'État-nation est une réalité validée par le réel vécu et légué par les générations précédentes.

Cette structuration de l'État-nation français, héritée de notre Histoire, est remise en cause actuellement par de nouvelles formes d'idéologies ou spiritualités :

- Le repli identitaire (vision politique).
- Le marxisme dans sa version trotskiste (vision idéologique).
- Le fédéralisme européen (vision fédéraliste).
- La mondialisation (vision économique).
- L'Islam (vision spirituelle).

E - DES OPPOSITIONS A L'ÉTAT-NATION FRANCE

E-1- Les pensées identitaires

La France contemporaine est marquée par la montée de multiples phénomènes et revendications identitaires.

Le terme « identitaire » renvoie à des notions aussi variées que le multiculturalisme, les mouvements féministes, les mouvements LGBTQ+, les mouvements régionalistes, les mouvements ethno-racialistes, ou encore divers mouvements spirituels.

Ces logiques identitaires sont héritières de la pensée anglo-saxonne et s'en nourrissent constamment. Elles entendent faire primer toute sorte d'appartenances particulières sur l'appartenance à la Nation. Elles mettent en compétition une catégorie vis-à-vis d'un autre groupe.

L'identité est ainsi utilisée pour fracturer la société en suscitant des revendications communautaires.

Cette pensée dans son essence n'est pas historiquement française. Respecter les singularités tout en les dépassant pour les fondre dans l'État-nation, a toujours été une constante sous la Monarchie, sous l'Empire, pour les jacobins comme sous les Républiques qui ont suivi.

Elle apparaît désormais principalement dans l'expression politique anglo-saxonne ou dans les sociétés ethnocentrées comme en Afrique ou en Asie.

L'affaiblissement de la pensée française se traduit, sans surprise, par le succès de ces logiques identitaires importées.

E-1-1 La pensée identitaire ethno-racialiste

La politique identitaire raciale revêt deux aspects distincts. D'une part, elle renvoie à une identité de groupe générale qui lui permet d'asseoir et de justifier sa prééminence. D'autre part, elle conduit les groupes minoritaires à développer en réaction un positionnement spécifique et distinct.

Clairement identifiée aux États-Unis dès le XIXème siècle, l'identité raciale est le thème central de la politique du Sud des États-Unis avant et après l'abolition de l'esclavage en 1865 (Les lois « Jim Crow » comme vues précédemment). Elle distingue les populations WASP, latinos, indiennes et noires. De même, dans cette autre sphère d'influence de la pensée anglo-saxonne, l'Afrique du Sud, l'apartheid est la pierre angulaire de l'organisation de la société.

Des modèles similaires apparaissent au XXème siècle, en Allemagne tout particulièrement avec le National-Socialisme d'Adolf Hitler, qui fonde sa politique intérieure comme extérieure sur les caractères de la race germanique. La défaite du IIIème Reich a discrédité en Occident les logiques racialistes, conduisant les Anglo-Saxons à rompre progressivement avec leur tradition ségrégationniste.

Toutefois, au XXIème siècle, cette pensée ethno-racialiste perdure et connaît même une résurgence dans les rapports interethniques de beaucoup de populations d'Asie, d'Afrique, d'Amérique et même d'Europe.

Ainsi, les Indonésiens ne reconnaissent pas les minorités chinoises comme faisant partie intégrante de leur population. De même, les Birmans ne reconnaissent pas les Rohingyas. En Afrique, depuis la fin de la colonisation française, les clivages ethniques ont repris le cours de l'histoire africaine séculaire, après l'intermède colonial français qui avait tendu à effacer les principes raciaux en politique.

En Amérique du Nord et du Sud, ce sont les populations d'origine amérindiennes qui développent désormais principalement des politiques ethno-racialistes. Quant aux États-Unis, en réaction au racialisme blanc, la minorité noire américaine propose, depuis les années 60, une lecture basée sur la couleur de peau.

En Europe, des politiques ethno-racialistes persistent, s'appuyant sur les héritages germaniques de la Prusse et de l'Empire austro-hongrois. Ainsi dans les Balkans ou dans les Carpates, des clivages s'établissent entre les populations d'origines slaves ou germano-baltique (Serbes, Rusyns, Kosovars, Russes, Polonais, Germains, Finnois). Le conflit actuel de 2014-2023 en Ukraine oppose, à son origine, les Rusyns ou Ruthènes de Galicie, un groupe des Carpates, aux Slaves russes, comme ils s'opposaient aux slaves polonais et aux juifs à une autre époque.

Actuellement, réagissant aux affirmations identitaires de minorités immigrées en Occident, plusieurs mouvements politiques en Europe, et notamment en France, développent à leur tour, au sein des peuples autochtones, des positions politiques s'appuyant sur l'identité culturelle, spirituelle ou raciale. Cette pensée identitaire réagit à une affirmation ethnique ou religieuse venant de groupes allogènes à la société française.

Si la réaction de l'identité française face aux agressions racialistes ou spirituelles est nécessaire pour contrer une démarche envahissante sur notre sol, elle doit s'appuyer sur les principes de notre civilisation et s'affranchir d'une tentation de réponse identique à celle de sociétés complètement étrangères à notre continuum historique et philosophique.

En effet, pourquoi faudrait-il répondre à ces positions étrangères en argumentant sur les mêmes principes d'identités racialistes ou spirituelles, alors que ceux-ci ne sont absolument pas présents dans la pensée et la philosophie française traditionnelles ?

Ainsi, arguer, comme on l'entend parfois, de la notion de « race française liée à une origine indo-européenne » revient à prendre pour modèle l'argumentation de l'identité germano-anglo-saxonne, celle d'une tribu africaine ou encore d'une communauté spirituelle comme l'Oumma.

Cette réaction identitaire racialiste française s'appuie sur de vagues notions linguistiques ou génétiques remontant au-delà des histoires grecque et romaine. Cela revient à lier l'identité française à des corpus ethniques ou civilisationnels (Kourganes, Sarmates) dont on ne relève les traces que par l'archéologie ou la paléogénétique. Pourquoi s'arrêter en si bon chemin et ne pas remonter à des parentèles encore plus éloignées, comme celles des Néandertaliens ?

Or cette approche théorique est en rupture totale avec l'identité française telle que nous la connaissons aujourd'hui et depuis des siècles. En effet, la logique identitaire contemporaine, née de la situation aberrante d'une submersion migratoire hors de contrôle telle que la connaît la France, se réclame des civilisations qui se sont succédé au cours des millénaires, et repose sur l'hypothèse d'une continuité de valeurs et de spiritualités communes qui n'ont jamais eu lieu. En effet, qu'y a-t-il de commun entre le zoroastrien tadjik et le catholique français, tous deux issus de populations indo-européennes ?

Sur les trois mille dernières années de notre histoire, relativement bien documentées, et au sein du continent euro-asiatique, plusieurs centaines de civilisations se sont succédé avec des identités propres et distinctes pour chacune d'entre elles. Certaines ont disparu, d'autres perdurent comme celle de la civilisation française. Il est donc totalement absurde de se revendiquer d'une identité indo-européenne abstraite, aux contours flous, alors que la civilisation française est parfaitement définie et identifiée, mondialement reconnue et forgée depuis au moins le baptême de Clovis (vers l'an 500) voire depuis la Gaule préromaine.

E-1-2 La pensée identitaire LGBTQ

Le mouvement de libération « gay » anglo-saxon, à partir de la fin des années 1960, a incité certains homosexuels à s'engager dans des actions directes radicales et opposer la fierté « gay » (« *gay pride* ») à la honte sociale et à l'homophobie traditionnelle du monde anglo-saxon. La forme la plus fondamentale de militantisme consistait à mettre l'accent sur le « coming out » auprès de la famille, des amis et des collègues, et à vivre en tant que personne ouvertement lesbienne ou gay.

Dans le sillage de la libération homosexuelle américaine, toute une pensée s'appuyant sur la multiplication des identités et des attirances sexuelles se diffusa dans la société occidentale, notamment à travers la « culture woke ».

Comme nous le verrons par la suite, cette pensée identitaire LGBTQ+ est l'une des formes de l'activisme trotskiste qui cherche à créer, par les divisions, des divergences au sein des sociétés pour ébranler la cohésion des États-Nation.

E-1-3 La pensée identitaire de genre

Aux États-Unis, des médecins qui étudient les personnes intersexes et transsexuelles pendant les années 1950 et 1960, introduisent la notion d'identité de genre pour différencier le sexe biologique masculin/féminin du sexe psychosocial, genre déterminé par la culture et la Nature.

Ainsi, l'identité de genre est la conviction intime et personnelle de se sentir « homme », « femme », ni l'un ni l'autre ou les deux à la fois. C'est un sentiment profond et fort qui d'après les défenseurs de cette politique d'identité ne se contrôle pas et qui ne se choisit pas. Parfois, ce sentiment est en accord avec le genre donné à la naissance sur la base des organes génitaux, parfois, il ne l'est pas.

C'est le postulat que l'on doit pouvoir choisir ce que l'on sera indépendamment de la sexuation naturelle reçue à la naissance.

Cette logique du doute, propre à Descartes (*cogito ergo sum*), postule une réalité sexuelle de fiction, mais qui pour certains a une cohérence dans l'affirmation de leur « être ».

Ils sont ce qu'ils ont « décidé d'être ». Cette approche rejoint, sous certains angles, l'affirmation américaine que tout est possible par sa seule volonté.

Certes par le verbe, ils vont pouvoir argumenter leur concept d'identité de genre, seulement le réel de la Nature les rattrapera toujours. S'ils veulent se considérer comme des oiseaux, la gravité du haut d'une falaise leur rappellera qu'une chute mettra un terme radical à leur élucubration.

Cette pensée identitaire rejoint par certains aspects les revendications identitaires LGBTQ+ et s'inscrit, elle aussi, dans une pratique trotskiste de fracturation des sociétés.

E-1-4 La pensée identitaire régionaliste

Le régionalisme vise à valoriser et à défendre les intérêts et l'identité de régions particulières ou d'un groupe de régions, qu'elles soient officielles ou bien traditionnelles (divisions administratives ou politiques, subdivisions de pays ou unités infra-étatique) avec les peuples qui les constituent.

Au sein d'une nation, dans un cadre politique, les régionalismes visent à accorder aux régions une autonomie relative, que celle-ci soit politique ou économique. Les régions deviennent alors un échelon intermédiaire entre le pouvoir central de l'État et les institutions locales. Ces revendications conduisent parfois au séparatisme.

Quatre origines du développement identitaire régionale sont principalement à retenir :

- Celle des monarchies qui s'appuie sur les alliances de sang de la noblesse, qui apportent un patrimoine foncier et culturel différent à une entité déjà existante. La monarchie prenant en compte les spécificités régionales sans chercher une intégration spécifique autre que celle d'un patrimoine de sang à léguer à ses successeurs. La pensée identitaire peut donc s'exprimer indépendamment de son représentant de sang.

- À l'inverse, les États-nations du XIXème siècle cherchent à intégrer les singularités des provinces ou des régions acquises à un corpus général. De facto, ces États-nations susciteront des réactions identitaires régionales. C'est la recherche d'une intégration s'opposant au régionalisme qui stimule ce dernier.

- Le discours humaniste du droit des peuples à disposer d'eux-mêmes formalise, à travers une culture, une langue, une race ou une spiritualité, une pensée identitaire propre aux peuples regroupés dans une région. C'est l'homogénéité démographique et démocratique sur un espace donné qui construit la politique identitaire.

- L'Union européenne développe, de nos jours, une politique régionaliste qui vise à se défaire des États-nations et à favoriser l'émergence d'une autonomie en accordant des prêts financiers aux régions qui utiliseront ces fonds pour exalter une singularité et une dynamique propre.

À titre d'exemples, en France, ces manifestations identitaires se matérialisent en Corse, en Bretagne ou dans le Pays basque. Au Royaume-Uni, on retrouve ces aspirations en Écosse ou en Irlande. En Espagne, cette pensée identitaire s'exprime notamment en Catalogne et dans le Pays basque.

Cette pensée identitaire régionaliste permet de conserver un ensemble de traditions, de langues, de valeurs utiles à la mémoire des peuples et à la défense des singularités d'une société. Ainsi, c'est à l'État-nation qu'il appartient de préserver l'acquis identitaire ou culturel d'une partie de son sol et de sa population. Toutefois, pour cet État-nation, intégrer et protéger le caractère régionaliste de cette entité, au sein d'un ensemble plus vaste, mènera à une politique tout en nuance, suivant un équilibre parfois difficile à trouver.

E-1-5 La pensée identitaire spirituelle

Les politiques d'identité s'appuyant sur le spirituel se trouvent par exemple dans l'Islam et l'Hindouisme. Ce sont des religions qui forgent une identité à partir d'un lignage et d'une prédestination.

Plus particulièrement, sur notre sol, c'est principalement l'Islam qui se manifeste dans toute une série de revendications identitaires très éloignées des principes religieux chrétiens qui ont forgé l'espace civilisationnel de la France.

Cette identité spirituelle musulmane est née avec l'hégire en 622 au Moyen-Orient. À partir de cette date, les premiers fidèles renoncèrent à l'organisation clanique qui prévalait jusque-là au profit d'une communauté de foi. Celle-ci fut définie dans la Constitution de Médine. De cette communauté religieuse, l'Oumma, découle une notion de solidarité entre les adeptes de la même religion.

L'Oumma est la communauté des musulmans, indépendamment de leur nationalité, de leurs liens de sang et des pouvoirs politiques qui les gouvernent. Le terme est la transcription de *Ummat Islamiyya*, « la nation islamique ». C'est à la fois un contenu humain (les fidèles), politique (la nation islamique) et spirituel (communauté des croyants).

En droit musulman, la distinction entre personnes passe par la seule religion et repose sur la loi de la guerre : d'une part, les musulmans jouissent du plus haut degré de capacité légale, d'autre part, les *dhimmis*, les non-musulmans juif ou chrétiens vivant en terre d'islam, se voient garantir en principe par un « traité » de reddition (*dhimma* : « engagement », « obligation », « responsabilité »), une espèce de contrat, contre le versement d'un tribut récognitif de leur soumission, la *djizya (Sourate 9, Verset 29)*. La vie, la propriété, la liberté religieuse de « dhimmi », leur organisation propre sont conditionnées par leur soumission à l'Oumma, la communauté des musulmans. Leur infériorité se manifeste notamment par des impôts spéciaux, des distinctions vestimentaires, l'interdiction de porter des armes, de construire de nouveaux lieux de culte, l'obligation de céder le pas aux musulmans. Dès lors qu'un musulman n'est pas concerné directement, ils jouissent d'une complète autonomie juridique, symbolisée par des tribunaux de statut personnel (concernant le droit familial, le mariage, la filiation, les successions). Ce statut a été appliqué de manière plus ou moins souple au cours des siècles et dans les différents territoires conquis par l'islam.

Par ailleurs, le non-musulman qui n'est pas « protégé par un traité » est appelé « *Kafir harbi* » (« non musulman en état de guerre », « étranger ennemi », Sourate 3, versets 90, 93, 97, 98,116. Sourate 4, 13,30, etc.) : il relève du *Dar-el-harb*, du monde de la guerre, contrairement au *dhimmi*, originaire du Dar al-islam, le territoire de l'islam. La loi ne lui accorde aucune protection, ni pour sa vie ni pour ses biens, à moins qu'il n'ait reçu un saufconduit temporaire (*aman*) ; à l'origine, celui-ci peut valablement être accordé par n'importe quel musulman, homme ou femme, pleinement responsable. Dans l'Empire ottoman, ce statut était accordé par le sultan. Celui qui est régi par ce statut, le « *musta'min* », est dans une situation analogue à celle du *dhimmi*, à ceci près qu'il n'est pas obligé de payer la « *djizya* » pendant un an, s'il restait en terre d'islam plus longtemps, il deviendrait *dhimmi*.

Contrairement à ce qui se passe en Occident chrétien, la nationalité ne vient pas se superposer à la religion, en terre d'Islam règne la personnalité des lois. La nationalité est liée à la filiation par le père qui transmet simultanément un lignage spirituel. Alors que le christianisme, repose sur la conversion individuelle de tout chrétien par le baptême, l'islam, comme le judaïsme, est une religion où la conversion n'a pas besoin d'être répétée à chaque naissance.

Par ailleurs, l'homme musulman, ou le converti, a le droit d'épouser plusieurs femmes musulmanes ou pas, et il transmettra à sa descendance son appartenance à l'islam. Au contraire, les femmes musulmanes ne peuvent épouser que des musulmans, puisqu'elles ne transmettent pas leur religion à leurs enfants.

De plus, la religion musulmane peut être identifiée à des États : à la chrétienté dans le monde répond le Dar al-islam chez les musulmans. Or la notion d'État chrétien, en dehors du Vatican, n'existe pas en tant que telle puisque la pratique religieuse dans sa conception catholique, protestante ou orthodoxe est une affaire personnelle. Ainsi, si en terre d'Islam, la notion d'extranéité n'a aucun sens s'agissant d'un musulman, quel que soit son pays d'origine, elle est par contre clairement définie s'agissant du non-musulman, qui peut être soit *Kafir harbi* (non musulman en terre ennemie/non islamique), soit *Musta'min* (non musulman de passage en terre d'Islam), soit *Dhimmi* (non-musulman soumis en terre d'Islam).

Les singularités de la religion musulmane, qui lie étroitement la religion révélée à la civilisation et la langue arabe (présentée comme langue de Dieu), en font donc un corpus identitaire très fort. Celui-ci associe, par la naissance ou la conversion, l'appartenance à une identité spirituelle et communautaire à des droits spécifiques. Cette appartenance pourra toutefois entrer en concurrence avec le socle identitaire régionaliste des peuples ayant été soumis ou ayant rejoint l'Islam (Turcs, Perses, Hindous, Berbères, etc.).

Au sein de l'islam, c'est la classification des non-musulmans, des relations homme/femme qui en font un modèle réfractaire à deux notions chères aux Lumières et à l'organisation républicaine ou monarchique occidentale :

- La liberté individuelle.
- L'égalité entre les Hommes.

Si l'État-nation France espère protéger son identité propre sur ces deux derniers points, l'incorporation en son sein de l'Islam, sous sa forme actuelle, est largement incompatible.

A contrario, bien entendu, la France pourrait aussi envisager, selon les aléas de l'histoire, son basculement à plus ou moins long terme dans le Dar al-islam. Ceci impliquerait le reniement de ses propres valeurs et de graves bouleversements. Est-il besoin de démontrer que cela n'est pas souhaitable non plus ?

E-2 Le communisme et la Révolution Permanente du Trotskisme

E-2-1 Le communisme

La formulation communiste contre les principes historiques de l'État-nation se manifeste dès 1847 à travers son Manifeste. Elle adopte comme devise en exhortation finale : « Prolétaires de tous les pays, unissez-vous ! »

Elle substitue la lutte des classes, qui oppose « oppresseurs et opprimés », à un ordre social hérité de l'Histoire dans les États-nations.

Selon Marx, « La société bourgeoise moderne, élevée sur les ruines de la société féodale, n'a pas aboli les antagonismes de classes. Elle n'a fait que substituer de nouvelles classes, de nouvelles conditions d'oppression, de nouvelles formes de lutte à celles d'autrefois ».

Pour lui, la lutte des classes moderne est spécifique et révolutionnaire en ce sens qu'elle se résume à un antagonisme simplifié : bourgeois contre prolétaire.

Cette prise de position ne prend pas en compte les spécificités historiques, géographiques, culturelles, linguistiques, spirituelles des sociétés. Elle est réduite à un système de classe lié à un statut social productiviste ne tenant pas compte de l'origine des États. Karl Marx estime que « *les travailleurs n'ont pas de patrie* », et qu'il s'agit de mettre fin au règne du capital partout dans le monde.

Il considère toutefois que le capitalisme est une évolution favorable par rapport au féodalisme, mais que celui-là doit s'achever lorsque le prolétariat mettra fin au règne de la bourgeoisie. Marx déclare que « *tous les mouvements historiques ont été, jusqu'ici, accomplis par des minorités ou au profit de minorités. Le mouvement prolétarien est le mouvement spontané de l'immense majorité au profit de l'immense majorité* ».

Il considère que le capitalisme est indissociable d'une classe bourgeoise mondialiste, car, « *poussée par le besoin de débouchés toujours nouveaux, la bourgeoisie envahit le globe entier. Il lui faut s'implanter partout, exploiter partout, établir partout des relations. Par l'exploitation du marché mondial, la bourgeoisie donne un caractère cosmopolite à la production et à la consommation de tous les pays. Au grand désespoir des réactionnaires, elle a enlevé à l'industrie sa base nationale* ». C'est sur cette vision internationaliste que se rejoignent le capitalisme et le communisme. Tous deux sont supranationaux.

Toutefois, l'ensemble de cette lecture est biaisé, car elle remet en cause la hiérarchie structurelle des sociétés héritées de la monarchie et de l'Empire, excluant de facto la catégorie guerrière de la société qui a créé les frontières.

Parce qu'au sein des sociétés humaines, il existe des individus qui se battent pour conquérir ou défendre un territoire, il en résulte une hiérarchie des hommes qui prennent une emprise sur un sol et sur les populations qui y vivent. La conception communiste postule que les hommes n'ont pas à s'affronter pour des ressources, mais qu'ils doivent les partager suivant la valeur d'échange d'une force travail. Cette conception ignore complètement les sociétés transhumantes, qu'elles soient hunniques, mongoles, vikings, arabes. Celles-ci exercèrent une pression sur les empires d'Occident et d'Asie, en créant des migrations conflictuelles qui n'ont rien à voir avec la question de la production ou du commerce.

Karl Marx affirme qu'il n'existe que trois modèles d'économie en confrontation : le féodalisme, le capitalisme et le communisme. Il en existe pourtant un autre qui a forgé toutes les Nations : Le pillage. C'est un modèle économique de prédation qui a aussi sa légitimité du point de vue de celui qui s'y livre. C'est le modèle très ancien des sociétés de chasseurs-cueilleurs. Transhumantes suivant les aléas des saisons, elles adoptent ce mode d'existence leur permettant de vivre sur ce qu'elles trouvent au cours de leurs avancées. C'est évidemment une source de conflits entre sédentaires et transhumants, sans recherche d'une meilleure répartition du travail et de la richesse d'un sol au sens où l'entend Marx.

Le paradoxe est que la position communiste par certains côtés pourrait s'apparenter à celle des transhumants, qui arrachent un patrimoine aux sédentaires enracinés sur un sol. C'est la remise en cause du droit de propriété, du travail qui a permis de le valoriser au fil des années, de son legs à une descendance, au profit d'une partie de la population se considérant en droit de s'approprier les ressources qui en résultent. C'est toute l'ambiguïté du discours communiste qui, en occultant l'histoire des peuples, rêve d'un monde où la force travail est le seul étalon d'une organisation de la société.

Il existe aussi une nuance dans cette lecture communiste s'opposant aux États-nations : le communisme d'État (l'URSS) et le trotskisme. Le trotskisme considère qu'il faut détruire toutes les sociétés capitalistes pour voir l'avènement d'un monde socialiste. A contrario, le Communisme d'État porté par Staline considère que chaque pays doit connaître une évolution qui lui sera propre pour arriver finalement au même résultat. Le trotskisme intègre bien davantage une dimension internationaliste que le Communisme d'État. Le trotskisme s'oppose farouchement à l'héritage des États-nations. C'est une question de temporalité évolutive qui fait la distinction entre ces deux positions. En URSS, à la mort de Lénine, il en résultera l'affrontement entre Trotski et Staline, avec la victoire de ce dernier sur l'internationalisme de la doctrine.

Actuellement, et depuis la chute de bloc soviétique, le communisme d'État est devenu moribond. Il ne reste plus que quelques États-nations ayant encore ce modèle (Corée du Nord, Cuba, Venezuela). Le Trotskisme, en revanche, reste bien enkysté dans la société capitaliste, où son idéologie est toujours sous-jacente et cela dans tous les cercles du pouvoir en Occident. C'est le champion de la lutte contre les États-nations dans l'univers de la mondialisation. Paradoxalement, cette idéologie s'appuie avec opportunisme sur le capitalisme. Lequel continu, par le commerce mondialisé et l'industrie délocalisée, à promouvoir l'asservissement de l'ouvrier par le capital qui participe ainsi, de facto, à conforter l'idée de cette séparation de classes. Ces trotskistes, défenseurs du capitalisme, sont assimilés aux néoconservateurs et associent les outils du capitalisme à leurs techniques de déstructuration des États-nations, par les revendications de clivages individuels qu'ils portent au sein des sociétés.

Reconnaissons toutefois que les secousses d'une pandémie comme la Covid et la montée en puissance de la Chine comme État-nation font « tousser » le capitalisme, ce qui ne va pas du tout non plus dans le sens souhaité par le Trotskisme. Le repli en Occident et dans le monde sur la protection des États-nations avec des concepts économiques de défense du travail pour « nourrir sa famille » (Doctrine sociale de l'Église) ou de protection des frontières pour se protéger des pandémies, ne va absolument pas dans le sens de cette mondialisation souhaitée par eux.

E-2-2 Le trotskisme et sa Révolution Permanente

La révolution permanente est un mot d'ordre lancé par Karl Marx puis développé en théorie par Trotski et Israel Lazarévich Gelfand dit Alexandre Parvus. C'est le processus par lequel la révolution ne s'arrête pas tant qu'elle n'a pas atteint tous ses objectifs. Cela signifie, pour Trotski, que les révolutions socialistes ne sauraient s'arrêter à des réalisations uniquement nationales ou bourgeoises. L'objectif affirmé de ce mot d'ordre doit porter le prolétariat à s'emparer du mouvement révolutionnaire pour entreprendre une révolution mondiale et communiste.

Pour Trotski, la théorie marxiste, qui vient de renverser l'Empereur Nicolas II, n'est donc pas seulement valable pour le seul cas de la Russie. Elle vaut pour tous les pays dominés par les grandes nations occidentales qu'il considère comme impérialistes. Pour lui, il y subsiste le plus souvent des restes de féodalisme avec une bourgeoisie nationale trop faible pour proposer une politique révolutionnaire, comme avait pu le faire la bourgeoisie française en 1789.

La Révolution Permanente passe par l'accroissement de la division du travail, et donc de la division internationale du travail, visant une expansion mondiale du socialisme et la création d'un homme nouveau prenant le pas sur l'évolution conservatrice et traditionnelle des sociétés. L'usage de la Terreur comme système de gouvernement pour accéder et se maintenir au pouvoir est ainsi légitimé par Trotski, la violence étant nécessaire pour « *terrifier l'adversaire politique* ».

Toutefois, cette volonté offensive de transformer les sociétés libérales et capitalistes en société socialiste est rentrée en opposition avec les principes de l'économie planifiée et l'autarcie économique de l'URSS promus par Staline. Selon Trotski, aucune autarcie économique, aucune coexistence pacifique n'était donc possible, et seule la révolution mondiale pouvait sauver l'URSS de l'effondrement économique ou de l'écrasement militaire.

En raison de ce différend politique avec Staline, Trotski est exclu en 1929 du Parti Communiste d'URSS et contraint à l'exil. Il crée en 1938 la Quatrième Internationale, alors que ses partisans sont pourchassés par l'appareil d'État de l'URSS.

Marginalisés au sein de l'URSS, c'est en Occident que ses partisans vont donc prospérer et continuer le combat.

Désormais dans la clandestinité, ce principe de Révolution permanente s'est structuré autour d'une méthode s'appuyant principalement sur deux formes d'actions au sein des sociétés bourgeoises et capitalistes :

- L'entrisme (infiltration) au sein des structures d'un État, que cela soit à travers l'administration, les partis politiques, les syndicats, les associations, les médias, la Justice.

- La déstabilisation des États en cherchant tous les points de divergence au sein d'une société pour cliver les structures sociales entre elles.

Ces deux formes d'actions militantes cherchent à transformer les sociétés occidentales en jouant sur deux axes :

- Le contrôle d'une classe décisionnelle et bourgeoise par la tactique de l'infiltration (l'entrisme).

- L'évolution d'une société, soudée par l'histoire et les convergences d'intérêts, en une société d'individus séparés entre eux par des revendications identitaires, sociales, raciales ou religieuses.

E-2-3 La convergence du modèle trotskiste et de la pensée anglo-saxonne

La pensée trotskiste trouve des points de convergence tactique avec la pensée anglo-saxonne qui s'appuie sur le racialisme et la mondialisation.

E-2-3-1 Au niveau politique de la mondialisation

Le capitalisme occidental et le communisme partagent la même lecture de la Force-Travail. Elle est internationale. Son coût d'un pays à l'autre n'est pas le même pour le capitalisme, mais la nature de celui qui fournit cette force est la même : c'est un ouvrier s'inscrivant dans la même structuration sociale formulée par le communisme.

Cette vision mondialiste de la Force-Travail fait que le trotskisme peut se satisfaire temporairement du modèle économique capitaliste. Ce dernier ne remettant pas en cause le principe de la division du travail et ouvrant, de par son dynamisme à travers le monde, une reconnaissance de statut à tous les ouvriers.

En opposition idéologique, la Doctrine Sociale de l'Église apportera un distinguo notable en considérant cette Force-Travail non pas de façon internationale, mais comme le moyen de « nourrir sa famille », ouvrant la voie aux organisations à vocation sociale s'appuyant sur les corporations ou sur une forme de localisme économique que combat le mondialisme.

E-2-3-2 Au niveau du racialisme

La convergence avec le racialisme anglo-saxon se situe à un autre niveau. Par leur vision racialiste, les Anglo-Saxons ont créé des divisions entre les hommes. Ils ont cassé une dynamique de cohésion qui aurait pu créer une destinée commune.

Ce phénomène de fracturation est souhaité par le trotskisme, car le seul recours qu'auront les hommes entre eux pour constituer une nation sera de s'identifier à une classe sociale identifiée par la Force-Travail, ouvrant la voie au socialisme et à l'avènement d'un Homme nouveau.

E-2-3-3 Au niveau de la fracture des communautés

Si l'objectif du Trotskisme est la fragmentation des sociétés pour les faire évoluer vers un modèle socialiste, le capitalisme y verra pour sa part un avantage à court et moyen termes. Ce n'est pas en soi la dégradation des sociétés qu'il souhaite, mais la fracturation d'une demande marchande qui augmentera de facto ses opportunités de commerce.

Créer des divisions communautaires peut certes faire éclater des sociétés, mais cela peut ouvrir aussi de nouveaux marchés. C'est une logique opportuniste capitaliste qui voit la déstructuration d'une société comme offrant la possibilité de marchés nouveaux.

Si la démarche trotskiste répond à une lecture long-termiste et idéologique, le capitalisme a une réactivité de marché à satisfaire.

E-2-3-4 L'expression politique actuelle du Trotskisme

Cette convergence d'intérêt entre deux systèmes de pensée se matérialise actuellement sous plusieurs formes au sein :

- Des institutions internationales comme l'OMC, l'OIT qui favorisent les échanges entre les nations et fait indirectement la promotion du productivisme industriel occidental et de son modèle social.

- Des organismes financiers prônant à la fois le mondialisme et les idées progressistes trotskistes comme le Soros Fund Management contrôlés à travers des entités off-shore aux Iles Caïmans, à Curaçao, et aux Iles néerlandaises.

- Des institutions supranationales comme l'Union européenne, qui font la promotion du régionalisme et des identités de genres ou autres au détriment des États-nations, tout en mettant l'accent sur la mondialisation et la libre circulation des capitaux et des travailleurs, reprenant ainsi à la fois les principes de la Force-Travail Internationale du Trotskisme et du capitalisme.

- D'un mouvement idéologique anglo-saxonne appelée « wokisme » cherchant à valoriser les individualités au détriment du collectif d'une Nation. Cette politique identitaire est la forme combattante aboutie du trotskisme qui recherche l'affrontement entre les hommes sur tous les axes constituants les fondements d'une société. Elle joue sur l'affrontement entre :

- Les hommes et les femmes (le genre).
- Les jeunes et les vieux (les générations).
- Les élèves et les professeurs (le savoir).
- Les omnivores et les végans (la nourriture).
- Les chasseurs et les cueilleurs (la gestion de la Nature).
- Les hétérosexuels et les homosexuels (la sexualité).
- Les voitures et les vélos (la mobilité).
- Les énergies fossiles, renouvelables et nucléaires (le chauffage ou les transports).
- Les arts classiques et les arts contemporains (la culture).
- Les Institutions nationales et la subsidiarité supranationale ou territoriale (le Droit).

Il pourra en être ainsi de toutes les formes de choix individuels ou collectifs qui, poussés dans leurs particularités extrêmes, ne laissent plus de place à la tolérance et à l'acceptation des différences de l'autre. Il n'y a pas recherche de convergence entre les hommes, mais recherche de divergence et d'opposition. L'objectif final étant la désagrégation de l'État-nation et des sociétés en général.

E-3 L'Europe et la mondialisation

E-3-1 L'argument fédéraliste des européistes

En opposition aux États-nations, le fédéralisme européen souhaite l'émergence d'une entité supranationale en Europe. C'est en quelque sorte la compétition de pouvoir d'une nouvelle caste administrative européenne qui souhaite se forger un nouvel espace territorial basé sur un modèle germanique de *Länder* appartenant à un empire ou au modèle américain d'États associés regroupés sous une même bannière. L'idée peut sembler intéressante, mais fait fi des singularités historiques, culturelles, spirituelles et ethniques de l'Europe même.

Les deux modèles de référence, celui du monde germanique et des États-Unis, reposent, au départ, sur la réalité d'une homogénéité « ethnique », celles de population dans lesquelles il n'y a pour l'un que des Germains et de l'autre des Anglo-Saxons, avec un particularisme religieux le protestantisme (luthérien ou calviniste).

La Prusse de Bismarck, qui a unifié l'Allemagne à partir du démembrement partiel de l'empire austro-hongrois après Sadowa et la victoire sur la France en 1870, est protestante, même si elle comprenait en son sein de fortes communautés catholiques qu'elle aura du mal à intégrer (Pologne, Westphalie, Rhénanie). De même, les pères fondateurs des États-Unis sont des protestants. Ils éliminèrent les populations amérindiennes pour s'appuyer sur une immigration européenne qu'ils regroupèrent autour d'une Constitution de sept articles avec 27 amendements. Ces populations migrantes firent le choix de rejoindre cette entité et d'accepter les principes de règlementation du nouvel État américain. C'est un choix volontaire s'affranchissant de celui qui régissait les pays qu'elles quittaient.

Parler de la création d'une entité européenne en faisant référence à ces deux modèles est un anachronisme, car la situation n'est absolument pas identique.

L'intégration de trois cultures spirituelles chrétiennes, le catholicisme, le protestantisme et l'orthodoxie, ainsi que de sociétés humaines aussi diverses que des Germains, des Slaves et des Latins, avec des organisations politiques représentatives pour chacune d'elles, aussi différentes au sein d'une même unité, relève très largement d'une utopie. Certes, il est possible dans une certaine mesure de créer une unité fondée sur l'économie et le partage d'une monnaie, certes, il est également possible de donner un ensemble de « valeurs communes » comme la démocratie ou le libre-échange à chaque entité, jusqu'à bâtir l'actuelle Union européenne, mais ce seront les priorités propres à l'évolution de chaque société ou États-nations qui feront la différence et porteront en elles des points de rupture.

Ainsi doit-on faire primer la laïcité (la France) sur le spirituel (la Pologne) et nier les principes de solidarité et d'identité (le libre arbitre, le doute, l'amour) de la chrétienté ? Doit-on faire prévaloir le libre-échange sur la valeur travail et industrielle d'une nation (mondialisme contre protectionnisme) ? Doit-on intégrer des populations musulmanes refusant les principes d'harmonie religieuse de la chrétienté (l'islam introduit une classification des peuples selon leurs croyances) ? Doit-on faire prévaloir le droit du sang ou le droit du sol dans la citoyenneté ? Doit-on protéger la Vie ou doit-on partir d'un libre arbitre pour décider de sa mort ou de celle d'un embryon ? Doit-on considérer de la même façon les syndicats politisés (France) et les corporations (Allemagne) ? Doit-on considérer le droit d'un père musulman à conférer à sa descendance une religion ou doit-on reconnaître seulement le libre arbitre dans la foi ? Ces différentes approches d'une société à l'autre créent tout un nuancier d'appréciations qui sont en définitive des divergences profondes.

Les États-nations Européens ont depuis des siècles statués sur chacun de ces points comme sur beaucoup d'autres. Ils reflètent ce que l'on peut appeler généralement pour chacun d'eux une culture et une civilisation propres. Celles-ci ne sont pas communes, elles sont l'expression et l'identité de chaque nation et de chaque peuple. Il peut y avoir des similitudes, des convergences, des points communs, mais il n'y a pas uniformité des réponses. Ce sont la culture, l'identité linguistique, le partage du travail, le spirituel, l'appartenance à un même sol, qui structurent la relation entre les hommes. Vivre dans une société rêvée selon des principes qui n'auront pas été acceptés à la fois par le libre arbitre (comme l'immigration aux USA) ou par une volonté transcendante et validés par l'Histoire, ne permettra pas de créer cette société européenne souhaitée. C'est en cela que le rêve européen est une utopie hasardeuse. Elle n'est pas forcément mauvaise en soi, mais elle présente de sérieux risques. Celle-ci fut d'ailleurs déjà portée, dans une certaine mesure et sur la base d'autres principes, par Napoléon ou Hitler avec les hostilités légitimes qu'elle suscita.

E-3-2 L'argument de paix du mondialisme des européistes

Ce rêve européen est porté par des hommes qui pensent que l'économie de libre-échange, et la démocratie portent en elles la paix entre les hommes et qu'une harmonie entre les États-nations de l'Europe s'imposera. Ces hommes pensent que ces principes appliqués au monde permettront de réguler tous les conflits. Pareille argumentation est erronée et s'apparente plus à de la propagande ou à une méthode Coué qu'à une vision réaliste.

En effet, la démocratie n'est qu'un système politique parmi d'autres et porte aussi en elle son potentiel de guerre et de violence. Ainsi, la première démocratie athénienne a abouti aux guerres du Péloponnèse, et la plupart des totalitarismes du XXème siècle, qu'ils fussent d'inspiration national-socialiste ou communiste, sont arrivés au pouvoir par la voie des urnes ou par une révolution. La démocratie peut devenir belligérante comme le sont actuellement les États-Unis qui ont axé leur prédominance sur le monde par une armée forte et conquérante, entre autres au XIXème siècle vis-à-vis du Mexique, de l'Espagne et au XXème siècle avec d'autres nations.

De même, postuler que le libre-échange porte en lui la paix est une contre-vérité. Les guerres de l'opium de l'Angleterre, puis de la France et des États-Unis contre la Chine au XIXème siècle, donnent l'exemple de conflits déclenchés au nom d'un droit au commerce libre d'une drogue.

Sans remonter à l'empire romain, les guerres anglo-hollandaises, anglo-espagnoles, anglo-françaises et anglo-portugaises qui ont marqué tout le XVème jusqu'au XVIIIème siècles sont aussi des exemples de conflits s'articulant autour des privilèges de liberté de commerce.

Plus récemment, c'est la course aux ressources pétrolières et le contrôle des voies d'approvisionnement (du Bagdadbahn à l'affaire Nord Stream) et des voies de passage (Canal de Suez, détroit d'Ormuz) qui en font des enjeux stratégiques et sont sources de conflits entre les nations.

Concernant l'envers du libre-échange, l'embargo ou l'exclusion du commerce entraîne généralement à un état de guerre. Ainsi, l'embargo américain de 1939 et 1941 sur les matières premières vis-à-vis du Japon, provoquera le déclenchement de la guerre du Pacifique. Dans un très proche avenir, c'est la Chine qui peu à peu se verra forcée d'établir des relations conflictuelles avec les USA pour s'approvisionner en matières premières.

Ainsi le libre-échange perçu de façon positive n'existe qu'à travers une lecture commerciale où les intérêts propres de certains pays se font au détriment des autres puissances. Il est directement lié à la notion d'embargo politique ou de monopole qui ostracise ou favorise de facto une nation ou une société, en l'occurrence, dans le temps présent, le monde Anglo-Saxon.

Concernant l'Europe, son association avec les USA peut ainsi être comparée à la ligue de Délos, cette alliance militaire entre les cités grecques dominées par Athènes et créée à la fin des guerres médiques en 477 av. J-C. pour faire face aux Perses.

Suivre un courant économique et martial anglo-saxon au nom de la démocratie et du libre-échange doit interroger la France sur ses propres intérêts et les objectifs recherchés par les USA, champion actuel de l'univers anglo-saxon. Ainsi, faire la guerre au nom de la démocratie au Viêtnam, en Irak, en Afghanistan, en Libye, en Syrie, en Ukraine, laisse perplexe au vu des résultats finaux. Qu'en sera-t-il ainsi d'un affrontement avec la Chine au nom de la démocratie et du libre-échange (qui existe déjà puisque la Chine est dans l'OMC) ?

E- 4 Les religions extra-européennes

E-4-1 L'islam

Certaines religions extra-européennes, notamment l'islam et l'hindouisme, portent en elles des points de divergence fondamentale avec la culture et l'organisation des sociétés occidentales.

Faisant suite à nos projections coloniales respectives et du fait de l'immigration actuelle, d'importantes communautés musulmanes ou hindouistes s'implantent de façon croissante en Angleterre, en France, en Allemagne et en Europe en général.

Le Royaume-Uni étant désormais sorti de l'espace européen, nous nous attacherons plus particulièrement à étudier les problèmes de l'intégration de l'Islam en France.

C'est sur la figure du prophète de l'Islam, Mahomet, que repose toute la doctrine et spiritualité du Coran et c'est à travers elle qu'il existe une opposition fondamentale aux États-nations occidentaux ou orientaux.

Dès son origine, l'Islam a créé une cohésion entre ses différentes composantes sur la base d'une soumission à un ordre d'abord militaire, puis spirituel. C'est sur la base d'une unification de tribus entre elles pour concourir à une expansion territoriale que s'est forgé un ordre jouant sur trois soumissions : celles à un chef politique, un chef militaire et à un Dieu. On retrouve les caractéristiques de cette soumission dans les représentations actuelles des pouvoirs du monde musulman. Il s'agit de monarchies (Arabie Saoudite, Maroc), de théologies (Arabie Saoudite, Iran), de pouvoirs militaires (Égypte, Syrie, Irak, Turquie).

Les affrontements entre ces trois faces d'un pouvoir réunies à l'origine en un seul homme (Mahomet) créent des conflits internes sans fin au sein de l'Islam. La nature intrinsèque d'un pouvoir tripartite peut certes exister (Mahomet, Saladin) mais il porte aussi en lui des droits de contestation par l'une ou l'autre branche de sa composante. Il en résultera fréquemment des ruptures dynastiques importantes et des éclatements territoriaux.

Au-delà de la difficulté d'entretenir une unité territoriale, la composante religieuse fait par contre office de ciment entre les musulmans. Dans ce cadre, comme il a été précédemment dit, on parle d'Oumma, la communauté des croyants, indépendamment des aléas du pouvoir temporel.

À l'intérieur du monde musulman, c'est cette transcendance unifiant les hommes entre eux qui en fait un des grands compétiteurs des États-nations d'Occident et d'Orient.

Si dans l'Occident chrétien la religion relève d'un libre-arbitre individuel, l'islam en revanche est transmis par le père. Même si le baptême chrétien peut être donné dès la naissance, le fait de ne pas croire, d'être agnostique ou de pouvoir renier sa foi est inscrit dans la notion de doute, admise et inhérente à la nature de l'homme chrétien. C'est sa démarche personnelle qui le conduira vers la grâce. Ce qui n'est absolument pas le cas dans l'islam, qui n'envisage pas la démarche individuelle de quitter sa religion et qui assimile le rejet de sa foi à la séparation avec son entité familiale et organique. La notion de libre-arbitre dans l'Islam, sauf s'il s'agit d'une conversion, est considéré comme une traîtrise qui expose à la peine de mort. Cette organisation théologique entre donc en opposition avec les fondamentaux de la société chrétienne.

En Orient, l'islam entre en compétition directe avec le bouddhisme et l'hindouisme qui ne sont pas des religions révélées, ni monothéistes.

Le bouddhisme est à la fois une religion et une philosophie amenant à une connaissance intime de la nature fondamentale de la réalité. C'est un ensemble ramifié de pratiques méditatives, de rituels religieux (prières, offrandes), de recommandations éthiques, de théories psychologiques, philosophiques, cosmogoniques et cosmologiques, abordées dans la perspective d'un éveil personnel.

L'hindouisme quant à lui repose sur l'acceptation des Védas en tant que plus haute autorité sur les sujets religieux et philosophiques. Ce respect des Védas par les penseurs et philosophes hindous est la base unique de la philosophie hindoue. Elle inclut une lecture du rythme d'un monde qui connaît des périodes de création, de conservation et de destruction, périodes se succédant sans fin, et où la renaissance et la préexistence des êtres se perpétuent. De plus, l'hindouisme admet qu'il y a plusieurs moyens d'accéder au salut personnel et qu'il n'est pas forcément nécessaire d'adorer toutes les divinités du panthéon indien.

Ces deux formes de religions associant des pratiques, une transcendance, des philosophies, sont complètement incompatibles avec la logique manichéenne de l'islam. Elles sont une source de rejet mutuel dans la compréhension et l'organisation des hommes au sein des sociétés.

Les civilisations d'Occident et d'Orient, s'organisant sur les bases de leurs propres évolutions, se heurtent donc à la religion islamique apparue en comparaison très tardivement (VIIème siècle AP JC) dans l'histoire des hommes.

La nature de l'islam, dès l'origine, militaire et conquérant, ne s'accorde pas avec la nature des autres États-nations qu'il rencontre au cours de sa progression. Il instaure immédiatement une classification des hommes entre eux comme il l'a été précédemment dit. Les musulmans au sommet de la hiérarchie, les dhimmis non musulmans soumis à leur autorité et les harbis, les non-musulmans non soumis en territoire non-musulman.

Ainsi, juger l'islam selon les valeurs propres au christianisme, au bouddhisme ou à l'hindouisme, relève d'un anachronisme et d'une ignorance toute ethnocentrique sur la nature même d'une structure théologique comme se projette elle-même l'islam.

Malgré un long temps d'arrêt face à l'industrialisation de l'Occident et de l'Orient, en partie dû au rejet des sciences physiques s'opposant à la création de Dieu, les sociétés du monde musulman se sont repliées sur cette identité religieuse commune, en cultivant l'espoir d'une continuation de conquêtes par l'unité résultant de leur soumission à l'Islam. La mondialisation occidentale aidant, ils essaiment aujourd'hui avec vigueur leur lecture idéale d'une société guidée par le Coran et son prophète.

Cette volonté compétitive et conquérante de l'islam au sein des États-nations d'Occident et d'Orient, dénature l'essence même de ces sociétés et perturbent l'harmonie intérieure de ces États. La relative tolérance inhérente au christianisme, à l'hindouisme et au bouddhisme, n'existe pas dans l'islam. Il en résulte une confrontation qui existe malheureusement depuis son origine.

Face à l'islam, dans le contexte actuel, les États-nations d'Occident et d'Orient sont confrontés à une alternative. Soit ces États-nations seront conduits à définir une politique s'inscrivant dans l'histoire des affrontements dans lesquels les populations musulmanes actuelles ont tout à perdre. Soit ces États-nations opteront pour une « realpolitik » d'endiguement, tout à la fois pour se protéger, mais aussi, par respect (humaniste en Occident ou philosophique en Orient) pour la nature des hommes qui font le choix de se soumettre au Coran et pour leur droit à une différence.

E-4-2 La convergence du trotskisme et de l'islam

Le trotskisme, basé sur l'idéologie, et l'islam, basé sur la religion, sont certes très différents dans leurs objectifs respectifs. Ils trouvent pourtant des concordances tactiques dans les sociétés occidentales contemporaines. Leur volonté d'imposer leurs vues dans les États-nations d'Occident et d'Orient les conduisent à un partenariat de circonstance qui s'apparente à la fois à une « paix » tacite entre eux, qui met de côté leurs différences, et à un objectif commun court-termiste, visant à la destruction des États-nations.

Au-delà de ces convergences ponctuelles, il existe entre le trotskisme et l'islam une divergence de fond quant à l'objectif final : pour l'islam, l'instauration d'un ordre musulman dans les sociétés occidentales et orientales, pour le trotskisme, l'avènement d'une société socialiste.

La pénétration de l'islam dans la sphère d'influence chrétienne est principalement le fait des Frères Musulmans, une confrérie islamiste d'origine égyptienne qui se veut inscrite dans la modernité, en fondant des partis, des syndicats, des associations, et en participant aux élections. Toutes choses que les tenants d'une orthodoxie islamique, comme les wahhabites d'Arabie saoudite, rejettent résolument. Cette approche occidentalisée de l'islam trouve un écho dans plusieurs pays comme le Qatar ou la Turquie, et entretient des liens privilégiés avec des institutions occidentales comme l'Union européenne ou la CIA américaine, qui voient en eux une alternative au laïcisme communiste ou à un islamisme rigoriste encore plus dangereux.

Les trotskistes présents en Occident depuis leur éviction d'URSS et l'élimination de leur mentor Trotski ont depuis longtemps intégré une culture de la clandestinité. Ils diffusent leur idéologie par des actions de propagande dans les syndicats, les universités, la justice, les associations, les médias et les partis politiques occidentaux.

Trotskistes comme « fréristes » utilisent une technique identique pour dissimuler leur démarche de conquête, et lui donnent des appellations différentes. Les Frères Musulmans parlent de *taqiya* pour dissimuler leurs manœuvres de pénétration dans la société, quant aux trotskistes, ils qualifient d' « entrisme » cette stratégie qui consiste à pénétrer les cercles de pouvoir tout en dissimulant leurs objectifs finaux.

Cette culture de la clandestinité est leur point commun.

Le trotskisme voit dans le monde musulman une population encore sous une emprise coloniale et assimile les individus à des travailleurs devant s'émanciper d'une dictature bourgeoise occidentale qui les a opprimés. Il ne prend pas en compte le fait que le monde islamique n'a pas du tout la même lecture de la Force-Travail issue, en Occident, de la révolution industrielle. En effet, le monde musulman, quant à lui, était organisé autour du commerce et s'appuyait principalement sur l'esclavage dans sa partie productive des secteurs primaires et secondaires.

Cette approche trotskiste ne considère les musulmans que comme une force de travail internationale qui a les mêmes droits que tout ouvrier, sans tenir compte d'une quelconque culture ou origine. Partant de ce principe, elle perçoit favorablement l'immigration de populations musulmanes en Occident et rejoint en cela les positions des Frères Musulmans qui y voient une opportunité de conquête spirituelle de terres occidentales.

Dans une approche à court terme, le trotskisme compte exploiter le clivage entre les populations d'Occident et les immigrés. Il trouve dans ces derniers un groupe qui défendra sa force de travail face aux intérêts d'une société bourgeoise occidentale. Toutefois, ce n'est pas tant dans la force de travail que dans les aspects culturels ou religieux que se manifestent les principaux clivages, la bourgeoisie capitaliste d'Occident tirant également avantage d'une main d'œuvre bon marché. Ce clivage est utile pour les trotskistes, car il contribue à désarticuler la structure d'une société héritée d'un passé construit sur la convergence d'une tolérance à l'autre. Le mot d'ordre « *du passé faisons table rase* » se matérialise d'abord par la recherche de divisions entre les hommes. Accentuer ces divisions doit permettre l'avènement d'une situation révolutionnaire afin de renverser le capitalisme.

Les Frères Musulmans voient aussi avec intérêt le conflit communautaire entre les populations immigrées et les populations occidentales d'accueil, car il permet de souder l'Oumma et d'éviter sa dissolution dans l'assimilation. L'Oumma ainsi maintenue rend possible, à terme, la conquête. C'est le sens de la devise des féristes : « *Allah est notre objectif, le Prophète notre chef, le Coran notre Loi, le Djihad notre voie, la mort sur la voie d'Allah notre plus cher espoir* ». Ce clivage pour les Frères Musulmans est essentiel, car en prenant la défense des singularités de l'Oumma dans les sociétés d'Occident, ils en deviennent le champion.

Pour les États-nations, cette temporalité de convergence entre ces deux courants en conquête, trotskiste et f
ériste, est à considérer avec attention. Il est possible aussi bien de les séparer en mettant l'accent sur leur divergence de fond, que de les confondre en une seule entité pour les discréditer conjointement.

Les relais qu'ils utilisent séparément dans les États-nations ou à l'échelle supranationale comme avec l'Union européenne, doivent donc être identifiés et ouvertement dénoncés afin de préserver une concorde entre les hommes.

Plusieurs avocats acquis à leur cause se manifestent en usant régulièrement d'une lecture émotionnelle qui joue sur les droits individuels garantis par les sociétés occidentales ou sur la démocratisation de nos systèmes. Ils défendent la légalité d'une action (comme l'avènement des Frères Musulmans en Égypte par un vote démocratique) tout en favorisant l'arrivée d'une dictature théologique ou d'une dictature du prolétariat. Ces manœuvres sont des attaques insidieuses contre les États-nations.

En définitive, par une ironie de l'histoire, le terme *« idiot utile »*, utilisé par Lénine pour définir un bourgeois soutenant le projet communiste, s'applique aussi bien aux trotskistes. En effet, ceux-ci deviennent eux-mêmes les *« idiots utiles »* des Frères musulmans et de l'Islam en général, la réciproque étant également vraie. Les trotskistes ne sont pas dhimmis au sens où ils ne sont pas soumis à l'Islam, ils sont juste des alliés de circonstance qui feront les frais d'une religion bien antérieure à l'idéologie marxiste. Réciproquement, il ne fait guère de doute qu'un pouvoir d'État accaparé par les trotskistes éliminerait rapidement de façon sanglante les Frères musulmans.

E-5 Les sociétés de « Chasseurs Cueilleurs »

Si le terme « chasseurs-cueilleurs » peut s'appliquer à la politique des transhumants, il peut s'appliquer aussi à une catégorie d'entités supranationales qui sont en continuelle prédation de ce qu'elles rencontrent. Ces entités supranationales sont opportunistes par défaut de réaction des États-nations.

E-5-1 Des sociétés transhumantes

Les sociétés transhumantes sont pour la plupart en déclin ou ont disparu. Les sociétés sédentaires ont pris le pas sur elles avec l'avènement de la poudre qui a permis de tenir à distance les incursions et « razzias » qu'elles faisaient par le passé. C'est la construction de fortifications de plus en plus nombreuses et une capacité à tenir les envahisseurs à distance par des armes de plus en plus sophistiquées qui ont permis la levée des sièges et a pénalisé une logistique transhumante qui ne pouvait plus vivre sur des conquêtes faciles. Les grandes invasions (Germains, Mongols, Huns, Vikings, Arabes) ou les razzias depuis Calais jusqu'en Guyenne (Anglais), si nombreuses par le passé, ont vécu.

Toutefois, de ces grandes aventures conquérantes, un seul modèle a survécu, avec certes des nuances moins guerrières. C'est le modèle de conquête arabe. Si celui-ci s'est, lui aussi, essoufflé, ce n'est plus par les armes qu'il a eu une descendance politique, mais par un modèle économique de commerce opportuniste et par la religion. Il continue d'unifier les hommes qui constituent l'Oumma, la communauté des croyants. Son modèle de prédation en transhumance et par la conquête est inscrit dans le Coran lui-même. C'est la parole d'Allah rapportée par Mahomet, il est donc difficile de ne pas voir l'Islam comme étant le dernier modèle de société transhumante utilisant une politique de « chasseurs-cueilleurs ».

Certes, l'islam n'a pas, de nos jours, la même dynamique de conquête que par le passé, mais c'est à travers les défauts des États-nations d'Occident ou d'Orient qu'il continue à progresser. L'Oumma voit les ouvertures de frontières du monde occidental comme une opportunité d'expansion et de prédation. De façon générale, la chose n'est pas exprimée ouvertement. Pourtant, l'organisation des sociétés et la logique d'opportunité individuelle des hommes qui la composent en font une réalité. Cette logique d'appropriation d'une richesse est inhérente à une culture et à une civilisation construite sur le référentiel d'un Mahomet qui était lui-même un pilleur de caravanes. Pour elles, cette richesse est celle de populations ennemies, car non-soumises à l'islam, il est donc légitime de se l'approprier.

La prédation n'étant pas définie comme telle dans ses relations actuelles avec le monde occidental, il est difficile de la dénoncer. Toutefois, il en résulte au sein des populations occidentales d'abord un sentiment, puis un constat, que les rapports ne sont pas équitables et qu'il existe non pas une stratégie, mais un déséquilibre des rapports conviviaux. La prédation étant diffuse et ramenée à une multiplicité de faits divers, elle dessine une architecture globale de rapports de défiance. Elle amène à des politiques de suspicion et d'ostracisme qui conduisent à une radicalisation des attitudes défensives.

E-5-2 Des entités supranationales

L'évolution du capitalisme et de la mondialisation a ouvert la voie à une catégorie d'entités dont la logique de prédation s'apparente à celle des « chasseurs-cueilleurs ». Ces entités voient le monde comme un terrain sans frontières, dans lequel elles font librement leur marché. Elles prennent ce qu'elles trouvent, indépendamment d'une géographie, suivant une logique opportuniste. Si cela peut satisfaire leurs intérêts, elles prennent des participations, achètent, revendent, morcèlent, démembrent ce qu'elles trouvent, pour en tirer bénéfice.

Leur moteur est le gain. C'est une prédation capitaliste à l'échelle du monde qui s'affranchit des États-nations par la grâce d'un commerce mondialisé. Ses actions sont protéiformes et internationales. Elles se situent *in fine* au-dessus des États-nations qui n'ont pas les outils transnationaux pour limiter leurs actions.

Cette prédation ne rencontre pas d'opposition sérieuse, car la force capitalistique de ces entités leur permet de subjuguer les États-nations du monde occidental qui les courtisent. Elles rencontrent toutefois quelques rares hostilités venant d'États-nations conscients d'une perte d'autonomie ou organisés en dehors des règles capitalistes (Corée du Nord). Même des pays comme la Russie, la Chine, le Venezuela ou l'Iran acceptent des participations étrangères supranationales.

Ces entités peuvent se satisfaire des États-nations, car ces derniers agissent en leur faveur. Ce faisant, elles reprennent le mode de gouvernance coloniale anglais, connu sous le nom d'« *indirect rule* ». La différence notable est que ces entités supranationales n'ont plus d'attache avec une nation particulière. Même si elles conservent un fort attachement avec le monde anglo-saxon, elles sont dans leur essence mondialisée. Elles continuent d'exploiter la force de travail des hommes par l'intermédiaire des États-nations qui prélèvent au passage leur dû.

Elles font la promotion de toutes formes de croissance dans le monde et s'appuient sur les révolutions industrielles à venir. D'une innovation nouvelle dans un pays sortira une richesse transposée ailleurs ou à généraliser. C'est le mariage d'une pensée saint-simonienne avec le Capital, où les sciences n'apportent pas seulement du bonheur aux hommes, mais aussi des gains.

Si l'on considère qu'il y a eu une révolution Industrielle liée à la machine à vapeur, puis à l'électricité, suivies de l'électronique, la prochaine révolution sera celle de l'Intelligence Artificielle, de la robotique, et des biotechnologies. Les deux premières révolutions industrielles se sont articulées autour des États-nations d'Europe, la révolution de l'électronique a pris son essor aux USA, la quatrième révolution semble reposer désormais sur ces entités supranationales qui investissent massivement dans les sociétés à forte croissance d'innovation dans le monde.

Ce modèle colonial très adaptatif, et qui ne dit pas son nom, s'applique donc cette fois à des entités sans drapeau, ne prenant position dans des politiques nationales que pour favoriser et préserver leurs intérêts financiers. Elles sont à la pointe de la nouvelle révolution industrielle et formulent, en paravent de leurs activités financières, des concepts de « bien être pour tous les hommes », comme l'environnement, la lutte contre le CO_2 et la non-discrimination. Ces concepts ne gênent en rien la rentabilité de leurs activités, bien au contraire, et permettent d'adoucir une image de prédateur des richesses produites.

Toutefois, il faut regarder ces entités sous plusieurs angles, car il existe bien un biais de contrôle de ces entités par les États-nations. Celui-ci prend une forme singulière. Il passe par la collecte de l'épargne retraite des salariés et le système de retraite par capitalisation. Cette épargne permet de lever des sommes considérables à réinvestir dans des sociétés de croissance partout dans le monde afin d'assurer une retraite le moment venu à ceux qui auront cotisé. Que les États-nations limitent ou structurent la collecte des fonds de retraite par le modèle d'un système par répartition, comme c'est le cas en France, et de facto ces sommes ne seront plus disponibles pour ces organismes.

La ressource financière de ces entités n'existe donc principalement que par l'épargne salariale dans les pays qui ont adopté la capitalisation comme système de retraite. Les salariés américains étant actuellement les principaux contributeurs de ces entités, les USA pourraient être considérés comme un État-nation en contrôle indirect. Ce qui n'est pas tout à fait exact non plus, car ce n'est pas l'État en lui-même qui a investi, mais des travailleurs prenant aussi le risque de tout perdre si leurs placements ne rapportent pas. L'État-nation peut garantir les retraites, ces entités supranationales ne le peuvent pas. Elles jouent sur un risque et un espoir de gain qu'elles partagent avec les cotisants qui deviennent de facto des actionnaires.

Ce modèle repose donc sur une épargne venant de la Force-Travail de salariés, épargne qui est investie dans d'autres formes de Force-Travail à travers le monde, indépendamment de la politique des États-nations. Si la logique est prédatrice d'une richesse recherchée, les retombées en reviennent aux cotisants qui auront fait le pari d'investir. Dans son essence, c'est la transformation de l'ouvrier en bourgeois capitaliste qui ponctionne la Force-Travail d'une génération pour obtenir une rente viagère.

Pour les États-nations, ces entités posent un problème simple. La force de travail et les gains d'une entreprise nationale, sur laquelle a jeté son dévolu l'une de ces entités, peuvent ainsi basculer au bénéfice d'un autre pays pour payer la retraite d'employés qui n'auront jamais eux-mêmes contribué à son développement. C'est le principe même de la mondialisation et des échanges de Force-Travail qui est alors le problème.

Il en découle pour les États-nations une politique complexe d'endiguement qui doit pouvoir à la fois favoriser l'investissement dans leurs pays, mais aussi protéger la valeur de la Force-Travail et des innovations de leurs propres sociétés. Une régulation précise des participations étrangères est donc essentielle pour se protéger de ces acteurs internationaux conquérants.

F – L'ÉTAT-NATION FRANCE ET UNE POLITIQUE D'INTÉGRATION OU D'ASSIMILATION

L'État-nation France fait actuellement l'objet d'attaques venant de l'extérieur, par le biais d'une immigration peu contrôlée, mais aussi, simultanément, de son intérieur, par l'apport des revendications idéologiques partisanes précédemment évoquées.

Le choix de l'intégration ou de l'assimilation de nouveaux arrivants matérialise deux orientations distinctes qui sont dans leurs fondamentaux l'essence même de ce qu'est ou sera l'État-nation France.

Le distinguo entre ces deux choix se matérialise en une phrase :

- Dans l'ancien Empire français, on intégrait de nouvelles sociétés ou pays, mais en France, on assimile les individus ou les communautés.

Dans son Empire colonial du XIXème siècle, la France portait un message philosophique. Par des accords locaux ou des conquêtes, elle amenait à elle des populations qui rejoignaient à terme un rêve d'évolution, de liberté, d'égalité et de fraternité. Ces populations intégraient une communauté sous la direction d'une France porteuse de cet espoir. A contrario, ces dernières ne prétendaient pas apporter un message semblable ni ne souhaitaient promouvoir en France un message universel de concorde et de bien-être par les sciences.

L'intégration de nouvelles sociétés à ce projet, dans le respect de leur personnalité, était alors perçue comme transitoire et devant amener à une assimilation des populations lorsque celles-ci se seraient émancipées du féodalisme, du racialisme, du tribalisme, et de traditions spirituelles ou de superstitions incompatibles avec la liberté, l'égalité et la fraternité. Il en a résulté, durant cette période coloniale et en quelques dizaines d'années, une assimilation, dans le respect de leur originalité, d'une fraction de ces peuples. Des figures brillantes les ont représentés, au plan politique et culturel, et ont amplement illustré le succès de cette conception typiquement française.

La « décolonisation » est survenue dans les années 1950 à 1960, sous la pression conjuguée des États-Unis et de l'idéologie marxiste. Ces sociétés ont été abandonnées à elles-mêmes, sur le bord de la route, ayant intégré partiellement certains principes du « rêve » français, mais retrouvant simultanément et légitimement leurs anciennes coutumes.

Dans un sens, par cet apport colonial, les populations actuelles de ces pays, désormais indépendants, sont partiellement intégrées à l'ère civilisationnelle française. Elles le sont d'une part par la langue : le français. Elles le sont, d'autre part, par un « rêve » français qu'elles n'ont pas oublié, et elles le sont enfin en partie, par l'héritage d'une structure de l'État qui s'est maintenue après les indépendances. Au demeurant, beaucoup de ces populations ne sont plus assimilées à la France, car désormais, sur certaines valeurs de fond, leurs identités propres résurgentes portent en elles des incompatibilités soit spirituelles, soit coutumières.

Ainsi, compte tenu du très grand nombre d'immigrés qui arrivent en France, il ne peut être envisageable de se borner seulement à leur intégration. La plupart des immigrés portent en eux un bagage identitaire renforcé par des décennies d'indépendance. Afin d'éviter un choc périlleux pour tous avec nos valeurs, l'intégration doit faire place à l'assimilation, en conduisant les immigrés à renoncer à tous les aspects de leur civilisation incompatibles avec la civilisation française.

Être intégré pour beaucoup d'entre eux est pourtant largement suffisant. C'est pouvoir bénéficier de facilités de logement, d'aides médicales, d'un travail rémunéré très supérieur à ce qu'ils gagnent chez eux, d'une liberté individuelle sans supervision tribale ou familiale contraignante. Sur ces bases et selon leur lecture, l'intégration à la société française est donc parfaitement possible, voir extrêmement souhaitable. Pourtant, qu'en est-il pour la société française ?

Si à titre individuel, une intégration de ces nouveaux arrivants peut être envisageable de façon temporaire ou même plus longue, autant en groupe cela devient inacceptable. C'est le corpus identitaire de leur propre société qui devient alors un greffon allogène dans la société française. Il en résulte obligatoirement, comme on le constate actuellement, un rejet et des affrontements, surtout si les revendications deviennent religieuses ou ethniques. Finalement, c'est le poids démographique et le regroupement d'une population immigrée sur des bases racialistes ou spirituelles qui deviennent incompatibles avec une intégration qui serait pourtant, comme on l'a dit, tout à fait tolérable et acceptable s'il s'agissait de quelques individus.

Si la France souhaite conserver sa singularité et son identité d'État-nation, porteuse d'une culture et d'une philosophie originales, il faut donc s'orienter résolument vers une politique d'assimilation, et cela, pour toutes les populations immigrées, comme cela l'avait été dans leur propre pays durant l'époque de l'Empire colonial. Continuer ainsi le travail d'éducation et d'instruction que portait la colonisation, mais cette fois sur notre propre sol, et rejeter une politique d'intégration comme souhaitée à la fois par beaucoup de migrants opportunistes, mais aussi par la mondialisation et les trotskistes.

La base de cette politique d'assimilation ne peut toutefois plus s'appuyer, comme par le passé, sur le dirigisme philosophique de l'État français, mais sur un principe d'autodétermination individuel ou collectif. C'est le libre arbitre de chaque immigré ou d'une communauté qui devra l'amener à s'assimiler ou pas. Le refus d'assimilation conduisant tout simplement à une expulsion du territoire, puisque ce refus menacerait de désagrégation la société d'accueil.

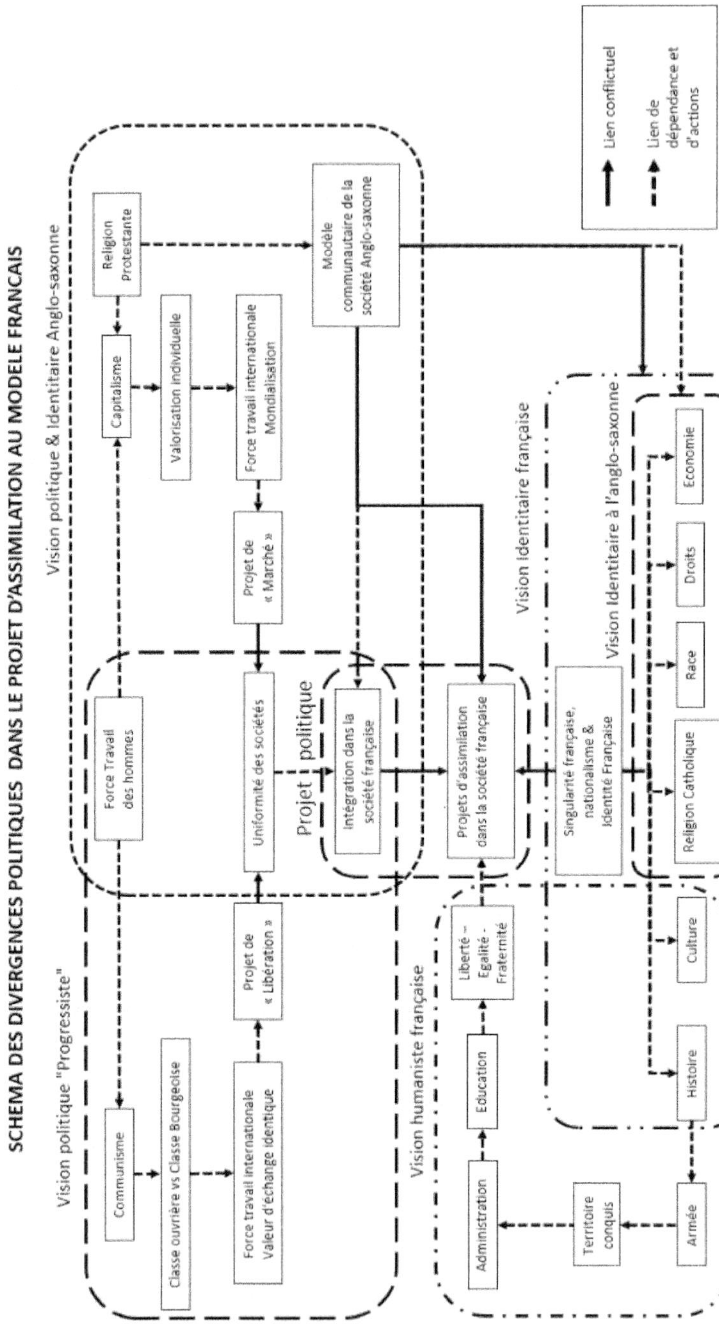
SCHEMA DES DIVERGENCES POLITIQUES DANS LE PROJET D'ASSIMILATION AU MODELE FRANCAIS
Vision politique & Identitaire Anglo-saxonne
Religion Protestante
Capitalisme
Valorisation individuelle
Force travail internationale Mondialisation
Modèle communautaire de la société Anglo-saxonne
Projet de « Marché »
Vision politique "Progressiste"
Communisme
Classe ouvrière vs Classe Bourgeoise
Force travail internationale Valeur d'échange identique
Projet de « Libération »
Force Travail des hommes
Uniformité des sociétés
Projet politique
Intégration dans la société française
Projets d'assimilation dans la société française
Vision Identitaire française
Singularité française, nationalisme & Identité Française
Vision Identitaire à l'anglo-saxonne
Economie
Droits
Race
Religion Catholique
Culture
Histoire
Vision humaniste française
Liberté - Egalité - Fraternité
Education
Administration
Territoire conquis
Armée
Lien conflictuel
Lien de dépendance et d'actions

SCHEMA DES OPPOSITIONS A L'ETAT-NATION FRANCE

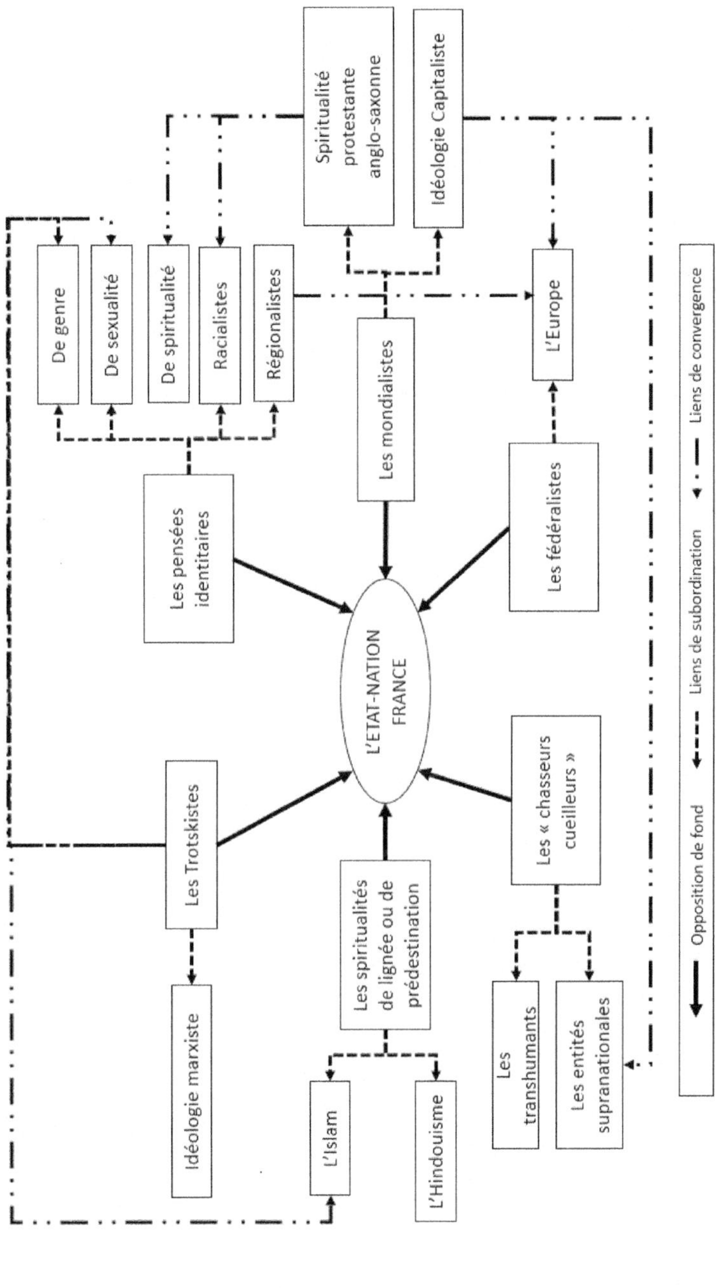

II - LA RECONSTRUCTION D'UNE POLITIQUE FRANÇAISE D'ASSIMILATION

A - DES FONDAMENTAUX SOUHAITÉS

Afin de reconstruire une politique d'assimilation pour la France, certains fondamentaux doivent être revus et pesés dans le but de s'inscrire à la fois dans l'histoire traditionnelle de la Nation et dans un contexte qui a évolué.

A-1 De l'égalité entre les Hommes

« Les hommes naissent et demeurent libres et égaux en droits ».

Ce principe est né en France avec la Révolution de 1789 à travers la Déclaration des droits de l'homme et du citoyen. Cette Déclaration est l'un des trois textes visés par le préambule de la Constitution française du 4 octobre 1958. Sa valeur constitutionnelle est reconnue par le Conseil constitutionnel depuis 1971. Ses dispositions font donc partie du droit positif français, et se placent au plus haut niveau de la hiérarchie du Droit en France.

La Charte des droits fondamentaux de l'Union européenne du 18 décembre 2000 (chap. III, article 21, point 1) reprend ces principes, mais selon la Charte Universelle des Droits de l'Homme de 1948 : « Est interdite, toute discrimination fondée notamment sur le sexe, la race, la couleur, les origines ethniques ou sociales, les caractéristiques génétiques, la langue, la religion ou les convictions, les opinions politiques ou toute autre opinion, l'appartenance à une minorité nationale, la fortune, la naissance, un handicap, l'âge ou l'orientation sexuelle. »

À son origine, cette déclaration de 1789 vise à abolir la société d'ordres et de privilèges de l'Ancien régime qui s'héritaient par le sang. Elle a bâti les principes républicains et a forgé l'esprit des Français qui se retrouvent désormais en elle.

Toutefois, la société intègre aujourd'hui des populations migrantes venant d'Orient et d'Afrique. Celles-ci ont un bagage culturel et spirituel différent qui établit, par la naissance, un attachement à une religion (islam) ou à une caste (hindouisme).

Sur le fond, la Déclaration des Droits de l'Homme et du Citoyen pourrait prétendre à être porteuse d'un message universel. Elle se heurte désormais à des sociétés humaines qui sont, dans leurs essences même, issues d'un droit du sang ou d'un lignage, comme le fut en son temps la monarchie.

L'hindouisme intègre les notions de réincarnation et d'une destinée de naissance liées à une vie antérieure conditionnant dans le moment présent l'appartenance à une caste prédéterminée.

Le monde musulman impose par le père, dès sa naissance, l'adhésion à l'islam. Il instaure une classification des hommes en fonction de cette naissance, distinguant les droits respectifs des hommes et des femmes, et ceux des musulmans et des non-musulmans. Il dénie l'existence même de ceux (bouddhistes, hindouistes, animistes, athées, etc.) qui sont nés en dehors d'un monothéisme révélé (Islam, Judaïsme, Chrétienté).

C'est donc un droit du sang ou de lignage et de privilèges qui prévaut dans l'islam comme dans l'hindouisme, en opposition à un droit philosophique humaniste.

Si la Déclaration des Droits de l'Homme et du Citoyen de 1789 intègre facilement, en Occident, des individus provenant de populations musulmanes et indiennes, il en est autrement dès qu'elle se trouve confrontée à une communauté démographique d'importance, comme l'est une forte population immigrée, qui revendique un droit de vivre selon ses rites et ses croyances dans le pays qui l'accueille.

Tout part d'une ambiguïté qui porte en elle tous les maux d'un positionnement tant pour l'Occident que pour les populations de ces deux religions.

En Occident, dans le souhait d'avoir un message porté universellement, les tenants de la Déclaration des Droits de l'Homme et du Citoyen postulent que c'est à la fois un droit fondamental dans l'organisation des États et qui doit se vivre dans le présent actuel, mais aussi un objectif à atteindre à terme pour les autres sociétés.

Les défenseurs de la Déclaration des Droits de l'Homme parlent alors d'une évolution souhaitée dans ces sociétés. Ils ne prennent pas en compte ni le marqueur du temps, ni la démographie, ni surtout les conflits qui en résulteront inévitablement :

- L'Hindouisme a environ 3 000 ans d'existence et représente environ 1,1 milliard d'individus

- L'Islam, qui est plus récent, a environ 1400 ans d'existence, et représente 1,4 milliard de pratiquants

Les populations de ces deux religions, lorsqu'elles arrivent en Occident, découvrent un univers de lois, de droits et de devoirs qu'elles n'avaient pas chez elles. Elles sont dans un premier temps satisfaites de bénéficier d'un droit d'égalité, mais une soumission aux lois et devoirs qui y sont attachés n'est pas forcément entendue. Si a priori, les lois d'Occident ne posent pas de problème à l'Hindouisme, il n'en est pas de même avec l'Islam. Cette religion a dans certains pays des Tribunaux Islamiques dirigés par *des cadis, des muftis, des adouls* qui, selon l'importance qui leur est donnée en fonction des pays, règlementent le droit personnel et/ou le droit pénal.

C'est un mélange de préceptes liés au Coran et à la tradition. Ceux-ci rentrent en opposition de fond avec la pensée humaniste qui est chrétienne dans son essence.

Il y a donc bien une ambiguïté : là où l'Occident humaniste espère un changement dans les autres sociétés, celles-ci n'ont, pour leur part, aucunement envie de changer, ce qui est légitime au regard de leur propre histoire et du poids qu'elles représentent dans le monde.

Le problème réside donc principalement dans la cohabitation de principes antagonistes qui sont censés s'organiser, dans un quotidien et sur un même sol, autour de l'égalité entre les hommes.

Toutefois, l'Occident, partant du principe d'accepter l'autre dans ses différences, il en résulte une reconnaissance de toutes les autres religions avec le souhait, non avoué, qu'elles quittent leur principe de sang/filiation et de prédestination pour se mettre en concordance avec la Déclaration des Droits de l'Homme et du Citoyen.

Cette position relève d'un constat biaisé :

- Elle est ethnocentriste, c'est-à-dire qu'elle postule que les autres civilisations ont les mêmes référentiels qu'elle-même en matière d'égalité entre les hommes, projet vers lequel elles souhaiteraient tendre.

- Elle est conquérante sur le fond, car elle veut imposer son système égalitariste aux autres sociétés bien au-delà de l'Occident, puisque l'on retrouve ses principes dans tous les organismes internationaux.

- Elle est présomptueuse compte tenu du poids démographique que représentent les autres civilisations spirituelles.

- Elle hypothèque le présent pour rester fidèle aux principes. Les problèmes de cohabitation du quotidien sont délibérément occultés pour préserver les concepts d'égalité. Reprenant la posture de Robespierre répondant aux partisans de l'esclavagisme dans les colonies « Que périssent les colonies » pour défendre les principes de liberté.

Il faut dans un premier temps revenir aux fondamentaux du concept philosophique des Droits de l'Homme. Dans quel contexte est-il né ? Pour se détacher de quels principes la formulation des Droits de l'Homme s'est-elle construite ?

C'était de toute évidence pour s'opposer au féodalisme et à la monarchie. S'inspirant aussi des préambules de la Constitution américaine, il n'était pas question à l'époque de positionner les Droits de l'Homme vis-à-vis de l'hindouisme ou de l'islam. La doctrine des révolutionnaires s'exprimait sur des terres qu'ils contrôlaient. C'était celle de la terre de France avec ses colonies. Cette doctrine n'avait pas vocation à s'exprimer au-delà, ni en Asie, ni en Orient, ni en Afrique. Elle avait une profondeur philosophique d'égalité concernant tous les citoyens, qu'ils soient natifs, étrangers ou esclaves vivant sur un sol assimilé à la France.

L'universalité est une philosophie occidentale ayant pour finalité d'octroyer à tous les citoyens d'une même nation des règles, des valeurs, des principes communs, sans distinctions relatives à des particularités culturelles, religieuses ou philosophiques. Toutefois, par une projection intellectuelle, elle peut aussi englober tous les êtres humains jouissant alors des mêmes droits fondamentaux du seul fait de leur humanité. Cette vision plus large pose alors un problème en soi, car elle fait abstraction des différences avec les autres sociétés.

En effet, dans l'absolu, ces principes d'universalité pourraient aussi s'appliquer aux valeurs de l'islam ou de l'hindouisme, à ceci près que dans l'histoire, ce ne sont pas les nations qui portaient ces religions qui ont été à l'origine de la SDN puis de l'ONU et de la mondialisation. Étant des sociétés marginalisées de par la colonisation (l'Inde) ou sous une dépendance en déclin (l'Empire Ottoman), elles n'ont pas pu peser selon leurs principes dans l'universalité des Droits de l'Homme qui aurait été alors bien différente. Ainsi, l'universalité des Droits de l'Homme, selon la pensée française, s'est imposé dans la plupart des institutions internationales, et cela, indépendamment des rapports existants entre les hommes au sein des autres sociétés.

En définitive, cette universalité occidentalo-centrée ne tient pas compte du particularisme des castes hindouistes, ni de celui de la classification des Hommes selon l'islam. Elle fait comme si les Hommes n'étaient que des entités organiques neuves, sans passé, sans cultures propres, sans rêves et sans spiritualités. Dans son déni des différences, elle postule que les Hommes iront donc dans un avenir plus ou moins lointain vers ce modèle égalitariste souhaité.

Ce déni de l'histoire et du réel dans les conflits entre l'islam et l'hindouisme, entre la chrétienté et l'islam, estompe très largement la notion d'universalité telle que formulée actuellement en Occident. Ce déni ne s'inscrit que dans un temps très court et contemporain, seulement de quelques dizaines d'années, en comparaison du poids historique des conflits qui ont régulé les rapports entre ces trois modèles de religions.

Ce souhait d'imposer les Droits de l'Homme, même si celui-ci, dans l'absolu, semble louable pour les hommes dans le monde, porte une source conflictuelle certaine avec tous les systèmes s'appuyant sur une autre hiérarchisation des hommes entre eux.

On peut espérer que ces systèmes rejoignent dans les principes les Droits de l'Homme. Ils adhèrent déjà aux principes des droits internationaux qui régissent les rapports entre les Nations et qui s'inspirent largement de ces mêmes Droits de l'Homme. Pourtant, si l'échelle de temps conflictuel entre l'Occident et l'Islam est écrite dans une histoire longue, elle l'est beaucoup moins avec l'hindouisme qui a connu une longue colonisation anglaise et peut se satisfaire d'une cohabitation.

Le conflit entre l'islam et l'hindouisme, quant à lui, est encore plus central dans leur histoire. C'est un affrontement viscéral et constant, inhérent à leurs natures respectives. Que ces deux sociétés adoptent dans leurs fondamentaux des approches humanistes est peu envisageable à l'échelle d'un temps court. Par temps court, on peut entendre au minimum quelques centaines d'années avec malheureusement tout un corollaire de troubles liés à des guerres ou à des révolutions de sociétés.

Actuellement et compte tenu de l'immigration existante en France, si l'on souhaite une concorde entre les hommes basée sur des rapports en harmonie, il n'existe donc que deux solutions. La France doit abandonner :

- Soit la notion d'universalité.

- Soit la notion des Droits de l'Homme

Quitter les Droits de l'Homme dans l'esprit de leur rédaction originelle n'est pas possible, tant philosophiquement que par le fait qu'ils sont inscrits désormais dans les chartes d'organisations internationales auxquelles la France a adhéré.

Abandonner la politique des Droits de l'Homme, sous la pression des revendications de l'islam ou de l'hindouisme, supposerait un retour aux principes d'inégalité liés au sang ou à la filiation, ainsi qu'une acceptation, de fait, de principes religieux totalement en désaccord avec le libre arbitre du catholicisme. Cela conduirait donc à la perte de nos libertés individuelles.

Si la France veut conserver un attachement à ce principe d'égalité, c'est l'universalité de son action qui doit être repensée.

L'option de rompre avec la référence aux Droits de l'Homme n'étant pas envisageable, on peut alors en déduire quatre positions possibles pour la France :

- Une société des Droits de l'Homme forçant tous les habitants qui résident sur son sol, à adhérer à ses principes et obligeant de fait les autres sociétés à occulter leurs propres ordonnancements des hommes. Elle serait assimilationniste dans son essence et se voudrait universaliste, utilisant tous les moyens à sa disposition.

- Une société des Droits de l'Homme distinguant ce qui est acceptable, tolérable ou insupportable dans les autres sociétés qui s'installent chez elle, et régulant au coup par coup, selon un calendrier soit politique, soit philosophique, soit sociétal. Ce serait une société faisant usage d'un discernement complexe qui évoluerait en fonction des ressentis de ses membres. Elle créerait le sentiment d'un arbitraire supposé ou réel dans les deux camps et porterait bien évidement les germes de conflits. Dans ce cadre, il s'agirait d'une universalité en devenir qui oscillerait entre l'espoir d'apporter chez les autres des changements par touches successives et l'espoir d'entretenir chez eux le sentiment d'une préservation de leur identité propre. C'est un pari risqué, car c'est la démographie qui serait en dernier ressort le seul juge. Or la population française au regard des milliards de pratiquants dans les autres sociétés ne pèserait pas lourd.

- Une société dont les composantes vivraient séparément l'une s'appuyant sur les Droits de l'Homme, les autres sur leurs principes d'inégalité. C'est un modèle de coexistence en droit différent selon les peuples comme le fut l'apartheid en son temps, ou comme l'est lui-même l'islam. Cette conception ferait un distinguo clair entre les hommes et les sociétés. Elle n'aurait plus de prétention à l'universalité et protègerait par contre chaque partie de la population dans ses principes respectifs.

- Une société des Droits de l'Homme qui rejetterait toutes les individualités et sociétés refusant d'accepter sur le sol national les principes qu'elle énonce. Ce ne serait plus un modèle universaliste et assimilationniste, mais un système en défense de ses principes.

De par les principes qui l'ont portée, la France a choisi d'abord la voie de l'assimilation forcée, en créant des écoles et en mettant à disposition de tous un projet humaniste. C'est le modèle de Jules Ferry et de la IIIème République.

Conséquemment à la pression démographique de l'immigration, à une baisse de la qualité de l'enseignement dans les programmes pédagogiques, aux menaces islamistes sur le corps enseignant, et à la perte de foi dans son modèle, la France a basculé dans un universalisme tâtonnant. Elle compose avec les sociétés les plus offensives et cède aux pressions identitaires exogènes. Elle porte toujours l'espoir d'amener les nouvelles vagues migrantes vers les principes d'égalité entre les hommes, mais se heurte à une vive résistance des populations concernées.

De par le manque d'efficacité de son outil d'éducation et d'instruction face à l'universalité de l'islam et de l'Oumma, phénomènes qui se manifestent à travers l'engouement croissant pour les écoles privées, se dessine une évolution prévisible s'orientant vers une société française fracturée et séparée.

Le rapport démographique jouant en sa défaveur et les tensions intercommunautaires se multipliant, l'étape suivante sera malheureusement le rejet des autres sociétés par la population française d'origine, faisant craindre que cette réaction se révèle sans nuances et sans distinction entre les hommes.

De ce constat, on peut tirer plusieurs priorités :

- Il s'agit de limiter le principe d'universalité du concept des Droits de l'Homme, ouvert actuellement à l'espèce humaine entière. Confrontée à des sociétés plurimillénaires qui hiérarchisent les hommes selon leur religion de naissance, cette universalité se heurtera nécessairement à des conflits. Elle doit s'appliquer uniquement dans des sociétés qui ont suivi une évolution de pensée et d'organisation semblable. C'est une universalité réduite à l'héritage territorial et aux populations qui y vivent.

- Il convient d'affirmer que les Droits de l'Homme sont le propre de l'évolution française et de l'Occident en général. Ce n'est pas une construction qui doit se bâtir sur une lecture philosophique platonicienne, comme elle se pratique actuellement, mais sur une lecture aristotélicienne. Si on enferme les Droits de l'Homme dans une lecture de « bien » ou de « mieux » à atteindre, les autres sociétés se sentiront classées dans le « mal », ce qui engendrera inévitablement des tensions et un raidissement des positions de chaque camp. La pensée des Droits de l'Homme doit être considérée comme un système évolutif propre à une société et à un instant donné. Il n'a pas à déconsidérer dans une lecture dichotomique les autres systèmes évolutifs.

- La société française doit instruire les populations vivant sur son sol selon les principes des Droits de l'Homme. Pour cela, elle doit expliquer dans le détail ses différences avec les autres systèmes et présenter à tous sa propre évolution. C'est une approche comparative mettant l'accent sur nos différences et les avantages qui en découlent. Il ne s'agit pas de gommer les différences pour ne pas heurter les sensibilités, il s'agit d'affirmer ses convictions et son héritage sur son propre sol. Si l'approche se veut consensuelle dans une éducation laxiste et démagogique, il en résultera des revendications identitaires allant à l'opposé de ce qui est recherché. Le choix sera alors simple pour les communautés se refusant à admettre la philosophie des Droits de l'Homme : soit elles partiront, soit elles se soumettront. C'est un retour aux principes éducatifs de Jules Ferry. L'objectif étant simple, puisque le clivage impose une prise de position personnelle. Ce choix sociétal aurait pour mérite de réintroduire le principe du libre arbitre dans une décision d'acceptation ou de rejet.

- L'approche éducative doit être basée sur la bienveillance et la fermeté. L'accueil de populations étrangères venant sur le sol national doit être soumis à des principes clairs. Celui de l'amour de la France pour qui fait la démarche de venir dans notre pays. Celui de l'acceptation des principes d'égalité entre les hommes. Qu'une personne immigre pour des motifs qui lui sont propres ne doit pas la dispenser de se soumettre au Droit français et à la conception philosophique de notre Nation. C'est une condition qui doit être expliquée sans équivoque en amont de sa venue. Le migrant doit savoir à l'avance ce qu'il gagne à rejoindre la France, et ce qu'il va devoir perdre de ses racines identitaires, comme la transmission obligatoire par le sang d'un patrimoine virtuel religieux, le libre arbitre de l'individu devant toujours prévaloir.

- L'approche laïque de l'enseignement des Droits de l'Homme porte en elle une ambiguïté. S'il a existé une confrontation entre l'Église catholique et la République laïque, elle est principalement due au fait que la monarchie était de « droit divin ». Il en a résulté une séparation des pouvoirs temporels. Toutefois, les Droits de l'Homme n'entrent pas en opposition avec la lecture chrétienne de la place de l'homme dans la Vie. Partant du principe que tous les hommes sont les enfants de Dieu, ils sont tous égaux devant Lui. L'ambiguïté du laïcisme repose principalement sur une méprise sur le sens à donner au terme « religion » et sur une méconnaissance des autres sociétés. Beaucoup de défenseurs de la laïcité ont tendance à considérer que toutes les religions sont équivalentes dans l'absolu. Ce qui est évidemment une erreur. Elles ont des discordances fondamentales et des implications concrètes très différentes. Si la laïcité ne sait pas faire la distinction entre le libre arbitre du christianisme et une religion basée sur la transmission faite par la naissance comme l'hindouisme ou la filiation dans l'islam, elle n'est pas en mesure de pouvoir argumenter sur la notion des Droits de l'Homme. L'éducation aux Droits de l'Homme s'inscrit dans un univers chrétien qui doit être mis en avant dans ses différences avec les autres sociétés. L'erreur actuelle de l'enseignement laïc est la posture figée de ses défenseurs qui n'ont pas pris la mesure des distinctions à faire avec les autres religions. Il existe plusieurs raisons à cela : ils peuvent être ignorants, méprisants des religions, dogmatiques ou tout simplement sots, voire un mélange de tout cela. L'éducation aux Droits de l'Homme doit être inscrite dans une dimension chrétienne à laquelle ne pourraient échapper les pratiquants des autres religions. Entretenir l'illusion que les Droits de l'Homme ne changeront pas les rapports traditionnels et spirituels entre les hommes au sein des (autres) sociétés est le signe d'une méconnaissance profonde de ces dernières. Leurs habitants et pratiquants ne s'y trompent pas et voient dans les Droits de l'Homme une manœuvre déguisée d'imposer notre modèle chrétien de société.

Finalement, c'est parce que la France affirmera ses différences philosophiques et son évolution propre qu'elle reprendra une dimension d'attrait pour les autres sociétés. C'est dans l'aspect comparatif sur le fond qu'elle peut espérer instiller son modèle comme étant une alternative plausible dans le temps pour les autres sociétés. À l'inverse, plus son modèle d'égalité entre les hommes sera noyé dans une universalité de façade et entravé par un laïcisme niant le libre arbitre de la chrétienté, plus son action sera limitée et finira par susciter le rejet.

A-2 De la liberté de culte

La liberté de culte est le droit fondamental des individus de choisir et de pratiquer une religion donnée ou de n'en retenir aucune. Par extension, elle fait référence aux textes de droit, déclarations, pactes, conventions, lois, textes constitutionnels divers qui permettent d'affirmer, de défendre, d'étendre ou de limiter ce droit. La liberté de religion est, avec le sécularisme, l'un des aspects essentiels de la liberté de conscience.

Selon les principes chrétiens, la liberté de conscience et le libre arbitre donnent à l'individu les outils intellectuels lui permettant de choisir et d'exercer, avec discernement, ses choix de vie. En opposition, une religion transmise par sa naissance ou une filiation ne permet pas un libre arbitre. Il en est ainsi de l'islam et de l'hindouisme.

Cette liberté de conscience typiquement chrétienne devenue laïque correspond à la vie intérieure de la personne. C'est un choix fondamental de conviction personnel, repris dans les textes fondateurs du droit français.

Si l'on invite des populations sur le sol national, il faut qu'elles assimilent le fait qu'elles sont libres d'opter pour la religion de leur choix, mais que celle-ci ne saurait être définitivement imposée à l'individu au nom de la filiation. La transmission d'une religion par la filiation ne donnant pas un statut particulier et n'induisant sûrement pas une stratification des hommes en droits ou en dignité.

Cette liberté de culte doit donc être nuancée concernant certaines religions qui n'ont pas en elles ces préceptes.

Il faut donc faire le distinguo précis entre les religions et limiter leurs expressions si elles ne se conforment pas à ce principe de libre arbitre, et le cas échéant les interdire.

Il en découle trois options :

- Soit légiférer spécifiquement pour mettre en concordance les droits de certaines religions et la liberté de culte. Une pratique non conforme pouvant alors être interdite. La pratique originelle de celle-ci de facto restreinte.

- Soit modifier et adapter les religions arrivantes sur le sol national pour les mettre en conformité.

- Soit remettre en question, sur le sol national, toute forme d'importation des principes d'organisation des sociétés fondées sur ces religions et qui ont structuré l'ensemble de leurs lois. Il en va ainsi de l'Oumma (la communauté des croyants de l'islam) qui ne saurait être considérée comme un corpus identitaire en France, pas plus que d'une société de castes héritées des Védas hindouistes.

À l'inverse, si l'on admet une liberté de culte sans tenir compte du libre arbitre, et qu'à la fin, on accueille sur le sol national une pratique créant des divisions par la naissance, il en résultera une classification des hommes entre eux et donc des divisions sources de conflits. Mettre sur un même pied d'égalité les religions sans tenir compte de leurs préceptes de transmission amène obligatoirement à des erreurs d'interprétation, à des mésententes sur le fond, prémices idéales d'un affrontement futur. De la différence admise et reconnue doit naître le respect mutuel. Sans compréhension de l'autre, il ne peut y avoir que méfiance et ostracisme.

Actuellement, en France, il existe plusieurs démarches d'assimilation de l'islam qui n'ont, pour l'instant, pas abouti, principalement du fait que les imams représentants de cette religion sont souvent issus de pays dans lesquels l'Oumma est représentative de dogmes et de lois. Il est difficile pour eux de s'extraire de leur société d'origine sans être perçu comme des « apostats » remettant en cause les bases de leur propre religion. Changer des points fondamentaux comme ceux liés au libre arbitre et à la transmission de la religion par le père crée un schisme. Alors qu'elle est nécessaire pour la France, aucun Imam ne souhaite endosser cette responsabilité théologique.

Historiquement, plusieurs approches ont déjà existé :

- Celle d'Atatürk en Turquie, qui a privilégié le rejet complet des principes de l'Islam pour prôner un État laïc en grande partie d'inspiration française. Cette démarche radicale n'a pas empêché, à terme, un retour de l'islam politique qui a remis en place l'ordonnancement des hommes du monde ottoman.

- Celle du chiisme, qui a créé, principalement en Iran, une lecture propre de l'Islam, s'éloignant en cela sur certains points des tenants orthodoxes sunnites des proches de Mahomet.

- Celle du soufisme qui pratique une forme ésotérique et mystique de l'Islam visant la « purification de l'âme » en vue de se « rapprocher » de Dieu et qui prend un chemin initiatique de transformation intérieure jugé hétérodoxe par certains tenants d'un islam rigoriste.

- Celle du Bahaïsme, qui est une nouvelle religion abrahamique et monothéiste proclamant l'unité spirituelle de l'humanité. Cette religion naîtra dans le chiisme faisant suite à la révélation de *Sayyid 'Alī Muḥammad Šīrāzī* qui déclara être une nouvelle manifestation de Dieu et le Mahdi attendu. Il prendra le titre de Bab (La porte).

- Celle de l'ibadisme, représentant une tendance de l'islam dans lequel le commandeur des croyants ne doit pas être nécessairement de la lignée de Mahomet, ni appartenir à une certaine ethnie s'il a les qualités requises pour être calife.

- Celle des Juifs dans les territoires départementaux de l'Algérie, qui demandèrent, dès 1860, la « naturalisation collective » de leur communauté et qui leur fut accordé avec le décret Crémieux de 1870. Le même jour, un autre décret avait été proposé à la communauté musulmane qui s'en détourna principalement du fait qu'il impliquait, comme pour les juifs, l'abandon de leur statut personnel, en les soumettant d'office au Code civil français et en leur interdisant d'y renoncer. Cela supposait de faire connaître leur intention, à titre individuel, à leur famille, à leurs proches et surtout aux autorités religieuses musulmanes qui y étaient le plus souvent hostiles. En effet, cette démarche individuelle les conduisit à sortir du droit coutumier de la loi coranique (notamment de renoncer à la polygamie), laquelle était incompatible dans ses prescriptions avec le Code civil français.

Ces six exemples, existants dans l'histoire, montrent qu'il ne sera pas simple pour la communauté musulmane de s'affranchir de ses traditions et qu'une refonte sur certains points entraînera certainement des contestations et un raidissement d'une partie d'entre elle. Il est donc certain qu'une révélation spirituelle ou l'action d'un concordat, reformulant un nouvel islam intégrant les principes des Droits de l'homme et le libre arbitre, créerait un schisme conflictuel.

Le principal schisme entre sunnites et chiites date de la mort même de Mahomet en 632, créant un clivage entre les membres de sa famille, représentés par son neveu, Ali, et ses lieutenants, Abou Bakr et Omar, qui désignèrent l'un deux, Abou Bakr, comme successeur de Mahomet et calife. Quelque 1400 ans plus tard, ce schisme entre sunnites et chiites n'a pas trouvé de solution et perdure jusqu'à aujourd'hui. En comparaison, les guerres de religion en France, entre catholiques et protestants, n'auront duré que 36 ans (1562 à 1598). Envisager d'introduire un schisme avec l'islam de France nous oblige à considérer ce que cela implique comme hostilité à venir sur une très longue période.

La solution kémaliste ou le concordat porte évidemment une simplification politique. Mais il faut être conscient que l'identité islamique pourra à tout instant revenir s'imposer du fait :

- De la démographie que représente d'ores et déjà l'Oumma au sein de la communauté française.
- Que chaque musulman puisse devenir un imam s'il a une connaissance approfondie du Coran. Encadrer les prêcheurs ou imams ne peut donc tout simplement pas se faire comme s'il s'agissait du clergé d'une autre religion.

Si l'on souhaite conduire une politique d'assimilation, il n'y a donc pas d'autres possibilités que d'espérer l'émergence d'un schisme porteur du libre arbitre et des Droits de l'Homme afin d'attirer les musulmans à une nouvelle pratique. Cela sous-entend une fracture de la communauté musulmane. Une partie d'entre elle rejoignant la communauté française, une autre s'en détachant. Celle souhaitant garder ses principes anciens devra alors s'éloigner du territoire national. Il n'y aura pas d'autres solutions, car le clivage ainsi créé ne pourra, s'il y a cohabitation, que générer des conflits intérieurs et des affrontements sanglants. La séparation des deux communautés devenant alors nécessaire pour l'ordre public et la sérénité d'une pratique religieuse apaisée.

Cette alternative religieuse peut être contagieuse, car dans beaucoup de pays, la voie d'une pratique moderne de l'islam en concorde avec les autres religions peut séduire. Certains pays du monde musulman ont adopté la laïcité, qui est une réflexion politique d'origine française. Mais une pratique de l'Islam avec un libre arbitre intégrant les Droits de l'Homme serait à la fois une véritable révolution et un assouplissement des positions laïques de ces pays qui sont souvent restrictives des libertés individuelles face à un islamisme politique.

La France verrait ainsi se développer une évolution de l'Islam salutaire pour la concorde entre les peuples et accepterait de voir avec bienveillance l'émergence d'un Mahdi sur son sol.

B – DE LA RÉALITÉ

B-1 Du modèle d'accueil des migrants

La première définition que l'on peut donner du nom « migrant » est celle d'une personne qui quitte son pays natal pour venir s'installer durablement ou pas sur un sol national ou vierge. Nous distinguerons plusieurs moteurs collectifs et individuels d'une migration :

Moteurs collectifs :

- La conquête de nouveaux espaces vierges ou pas (conquête de l'Ouest américain, de l'Australie, de la Sibérie).
- La recherche de nourriture, liée aux saisons et aux climats, pour soi ou pour des troupeaux en transhumance (migration de transhumants en Afrique, des Indiens en Amérique du Nord, des populations nomades en Asie Centrale, etc.).
- La raison politique par suite d'une déportation collective pour des raisons de peuplement (Australie) ou idéologique (Khmères Rouges, Russie ou URSS, Éthiopie).
- La guerre pour accaparer des territoires et les richesses de son voisin.

Moteurs individuels :

- La famine. La faim et la pauvreté poussent les gens à chercher ailleurs ce qu'ils ne trouvent pas chez eux. C'est un moteur de survie.

- Le souhait d'acquérir une richesse par son travail. C'est l'attrait d'une richesse plus facile à acquérir qui pousse à un déplacement. L'attrait de l'or, des lumières de la ville ou l'opulence relative des sociétés occidentales, sont un moteur de migration. C'est un moteur économique.

- Le regroupement familial. Les sentiments individuels affectifs rapprochent les hommes, les femmes, les enfants et poussent à des migrations. C'est un moteur sociologique.

- L'aventure. C'est le moteur de la découverte, de la curiosité qui incitera les hommes à un déplacement. C'est le moteur de l'adrénaline et du rêve.

- La persécution subie dans son pays. L'ostracisme fait fuir les personnes, les pousse à l'exil et entraîne une migration. C'est le moteur de la contrainte.

- Le statut social figé. Un statut social donné à la naissance n'offre pas de perspectives de développement personnel. Cela incitera à sortir de sa communauté pour aller voir ailleurs. C'est le moteur en négatif de la prédestination.

La Loi française autorise la migration sur son sol en fonction de certains critères liés à la démographie (quotas), aux moteurs individuels, et ponctuellement aux besoins de main-d'œuvre.

À titre collectif :

- Le moteur politique : de façon collective ou individuelle, seuls les déplacements libres de populations au sein de l'Europe sont acceptés.

À titre individuel :

- Le moteur de la contrainte : celui qui est persécuté pour des raisons politiques, religieuses ou de race est accueilli en France. Que cela soit à titre individuel ou collectif (Boat People, Chrétien d'Orient, Ukrainiens, Juifs, etc.).

- Le moteur émotionnel, sentimental ou sociologique : celui ou celle qui veut rejoindre son mari, sa femme, ses enfants est autorisé(e) à le rejoindre.

- Le moteur de survie : si dans les principes cela peut être acceptable à titre individuel, c'est la démographie de la migration qui limitera celle-ci. Le motif de cette migration est difficile à établir à moins d'être constaté officiellement par des organismes internationaux.

- Le moteur économique : cette migration est strictement règlementée, car elle impacte l'emploi local. Le patronat capitaliste peut s'en satisfaire pour des raisons de coût de la Force-Travail, de même que les trotskistes qui ne verront qu'une internationalisation du statut de l'ouvrier.

- Le moteur de l'aventure : il est limité au tourisme.

- Le moteur du statut social figé : il n'est pas reconnu comme tel puisqu'il concerne la structure profonde d'un autre État. Ainsi les Intouchables d'Inde ou les dhimmis dans un pays de l'Islam ne pourront pas faire valoir leurs statuts respectifs, par contre, ils pourront essayer de faire valoir leur souhait d'immigrer, à titre personnel, pour des raisons de pauvreté ou de persécution.

Les moteurs personnels de la migration sont complexes, car ils peuvent être multiples et imbriqués, ainsi que nuancés dans leurs degrés. Des questions précises doivent permettre d'établir le profil le plus pertinent possible du postulant.

B-2 Le cadre législatif français

La loi du 24 août 1993 renforce les contrôles aux frontières, en instaurant, en ce qui concerne le droit d'asile, les procédures prioritaires pour les demandes manifestement infondées. Elle est aussi à l'origine de la pénalisation du refus d'embarquement (tentative de soustraction volontaire à l'exécution d'une décision d'expulsion).

Les évolutions des délais de dépôt des demandes ou de recours en cas de rejet d'une demande pénalisent aussi les demandeurs d'asile. Après la condamnation par la Cour européenne des droits de l'homme (CEDH) dans l'affaire Gebremedhin contre la France, les demandeurs d'asile à la frontière (après rejet d'une demande d'asile) disposent d'un recours suspensif spécifique devant le tribunal administratif qui doit être introduit dans les quarante-huit heures.

La notion de pays d'origine sûr a été introduite dans la loi du 11 décembre 2003 (par anticipation de directives européennes). Elle tend à présumer du caractère infondé de certaines demandes d'asile formulées par des ressortissants originaires de pays où il n'y aurait pas de risques sérieux de persécutions.

La loi relative à la réforme du droit d'asile a été promulguée le 29 juillet 2015. Celle-ci vise, d'une part, à améliorer la protection des personnes en besoin d'une protection internationale et, d'autre part, à écarter plus facilement la demande d'asile infondée et de mettre fin au détournement de la procédure d'asile à des fins migratoires.

La loi introduit de nouveaux droits pour les demandeurs d'asile :

- Faculté d'être assisté par un avocat ou un représentant d'association à l'entretien conduit par l'OFPRA ;
- Recours suspensif devant la Cour nationale du droit d'asile (CNDA).

Le délai de traitement d'une demande d'asile doit être ramené à une moyenne de neuf mois.

Le « régime d'asile européen commun » (RAEC) fixe des normes et des procédures communes aux États membres. Parmi les textes qui composent le RAEC, figure le règlement de Dublin. En vertu de ce règlement, une demande d'asile ne peut être examinée que par un seul pays européen. Le pays responsable de la demande d'asile est déterminé en fonction de plusieurs critères : lieu de résidence du demandeur d'asile, État ayant délivré un permis de séjour ou un visa, État d'arrivée après un franchissement irrégulier de sa frontière. Si aucun État ne peut être désigné comme responsable d'une demande d'asile sur la base de ces critères, c'est le premier pays où le demandeur a présenté une demande qui doit l'examiner.

La loi du 10 septembre 2018 pour une immigration maîtrisée, un droit d'asile effectif et une intégration réussie, modifie les délais pour le dépôt et le traitement des demandes d'asile. L'étranger ne dispose plus que de 90 jours (60 jours en Guyane), au lieu des 120 jours fixés par la loi du 29 juillet 2015 relative à la réforme du droit d'asile, pour déposer sa demande une fois arrivé en France. Passé ce délai, la situation du demandeur est examinée en procédure accélérée, une procédure dérogatoire dont les délais sont plus resserrés.

B-3 De la notion d'État sûr

Selon la Commission Nationale Consultative des Droits de l'Homme (CNCDH), la notion d'État sûr pour le renvoi de migrants contrevient aux dispositions de la Convention de Genève en matière de non-discrimination des demandeurs d'asile selon le pays d'origine et ne peut que politiser la mise en œuvre du droit d'asile dans les relations internationales du pays.

Les membres de cet organisme sont nommés par décret du Premier ministre, après l'avis d'un Comité composé du Vice-président du Conseil d'État, du Premier président de la Cour de cassation et du Premier président de la Cour des comptes, avis qui est rendu public.

La CNCDH a été fondée en 1947 à l'initiative de René Cassin. C'est l'institution nationale française de protection et de promotion des droits de l'homme, accréditée du statut A auprès des Nations Unies.

En droit français, elle est assimilée à une autorité administrative indépendante, dotée d'une mission de conseil auprès des décideurs publics en matière de droits de l'homme et de droit international humanitaire, et d'une mission de contrôle des engagements internationaux de la France en ces matières.

La CNCDH dispose de quatre mandats de rapporteur national indépendant. Elle évalue :

- La politique de lutte contre le racisme, l'antisémitisme et la xénophobie depuis 1990.
- La politique menée pour lutter contre la traite et l'exploitation des êtres humains depuis 2014.
- La mise en œuvre des Principes directeurs des Nations Unies sur les Entreprises et les droits de l'homme depuis 2017.
- La mise en œuvre du Plan national de lutte contre toutes les formes de haines anti-LGBT depuis 2018.

La CNCDH est également la Commission de mise en œuvre du droit international humanitaire au sens du Comité international de la Croix-Rouge (CICR).

Dans leurs positions sur les Droits de l'homme, les membres de cet organisme introduisent la défense de notions philosophiques très limitatives et fortement biaisées politiquement. Dans leur définition du racisme, de l'antisémitisme et de la xénophobie, ils se gardent bien de reconnaître comme raciste et antisémite la notion de classification existant dans l'islam, liée à la filiation, qui catégorise les individus selon qu'ils sont hommes ou femmes, musulmans ou dhimmis, ou qui, pire encore, dénie le droit à l'existence même des bouddhistes et hindouistes.

Dans ce cas précis, elle ne veut pas ostraciser la communauté musulmane et lui reconnaît le même droit qu'aux autres sociétés ou religions, alors que dans ses fondamentaux, comme dans ceux de l'hindouisme, la distinction des hommes entre eux est inscrite très précisément et cela dès la naissance.

Ce biais partisan leur fait ainsi adopter une lecture qui met en avant l'individu sur le sociétal. Pour eux, les personnes sont à distinguer du milieu politique ou spirituel dans lequel elles évoluent. Ils postulent, dans un absolu, que les individus disposent d'un libre arbitre et sont en eux-mêmes des entités biologiques sans marqueurs prédéterminés et que c'est seulement cette nature anthropologique qui est à considérer. C'est, de fait, un ethnocentrisme occidental qui méconnaît la nature de sociétés, lesquelles sont justement marquées dès la naissance par une classification des hommes entre eux. Combattre les différences et en même temps ne pas admettre ou reconnaître celles des autres, est à la fois logique dans un continuum de pensée occidental, mais complètement illogique pour celui qui a un marqueur prédestiné. Pourquoi devrait-il se soumettre et refuser ce que la naissance lui a donné ? Dans une logique « colonial », conquérante sur les autres sociétés, ce droit peut être compris, mais il est paradoxalement totalement irrespectueux sur le fond des autres sociétés lorsque celles-ci sont indépendantes.

Son incompétence, sur la notion des distinctions à faire entre les sociétés, devrait lui interdire un quelconque jugement sur ce que le bon sens admet : il existe des sociétés différentes et les hommes qui naissent de par le monde présentent des singularités propres. La société et l'État français sont donc en droit de prendre des mesures adaptées pour le contrôle des migrations en fonction des caractéristiques particulières inhérentes à la diversité des cultures et des religions.

Ce manque de discernement dans l'application des Droits de l'homme est symptomatique d'une déviance qui s'est instaurée au fil des années et qui, dans un souhait de globalisation quelque peu simpliste, a exclu la reconnaissance des différences évolutives de l'homme dans les sociétés. Si cette notion des Droits de l'homme est souhaitable dans notre société, elle contrevient aux principes fondamentaux d'autres sociétés et ne peut avoir un caractère universel.

Il y a donc des États « sûrs » selon des critères de sécurité et de respect des hommes. D'autres le seront beaucoup moins, soit à cause d'une instabilité de l'État, soit par la nature de doctrines ou de spiritualités qui mettraient en péril la vie d'une personne. Ainsi, est-il possible :

- De renvoyer un candidat musulman dans un autre État musulman ? Oui, du point de vue religieux. Mais en serait-il autrement s'il s'agissait d'un chrétien ou d'un juif ? Non, car il serait un dhimmi.

- De renvoyer un candidat à l'immigration dans un pays touristique (Turquie, Tunisie, Maroc), même s'il n'est pas Européen ? Oui, du point de vue de la sécurité puisque le pays est ouvert, en temps général, à un flux migratoire touristique.

- De renvoyer un candidat à l'immigration dans un pays en guerre (Ukraine, Libye, Syrie, Mali) ? Non, parce que la sécurité physique de la personne serait mise en danger.

- De renvoyer un candidat à l'immigration dans un pays sans guerre et sans perturbations majeures (Turquie, Mexique, Maroc, Algérie, etc.) ? Oui, car son intégrité physique n'est en rien menacée.

Il en ressort qu'une reprise en main de la notion des Droits de l'homme, au sein du CNCDH, doit être faite avec plus de discernement et que le choix des hommes, qui devront déterminer la politique de la France dans cette matière, doit être réévalué.

B-4 Des organismes « d'accueil »

C'est l'Office Français de Protection des Réfugiés et Apatrides (OFPRA), établissement public doté d'une autonomie financière et administrative, qui se voit confier le soin de reconnaître la qualité de réfugiés aux demandeurs d'asile. Une juridiction administrative spécialisée, la Cour Nationale du Droit d'Asile (CNDA), est chargée, le cas échéant, de juger en appel les décisions de l'OFPRA (avant 2008, il s'agissait de la Commission de recours des réfugiés).

Toutefois, avant de statuer, il existe un ensemble d'organismes, généralement associatifs (CIMADE, etc.), qui assistent le candidat à l'immigration. Ils l'aident à constituer un dossier administratif auprès de l'OFPRA, lui permettant éventuellement d'obtenir un statut légal de l'État.

Beaucoup de ces organismes ont malheureusement un biais partisan. Si ceux-ci se prévalent de l'humanisme, ils ont aussi une lecture politique, souvent marquée à gauche, incitant à voir le migrant comme une force de travail d'enrichissement pour la société qui l'accueille. C'est un discours sur le droit des hommes à circuler librement pour mettre à profit leur Force-Travail partout où ils vont. C'est le principe de l'Internationalisation du Travail comme souhaité par Trotski et qui contente aussi directement ou indirectement le Capital mondialisé. Ces organismes spécialisés dans l'accueil des migrants font un travail administratif remarquable, mais malheureusement très souvent partisan politiquement. Ne prenant pas en compte les éléments culturels d'intégration et ne voyant qu'une force de travail en transhumance, ils déstabilisent profondément la société sur le moyen et long terme.

Ils ont d'autre part un parti pris économique plus personnel. Ils reçoivent des subventions publiques ou privées de fonctionnement leur permettant de subvenir à leurs besoins propres. Leur détermination à trouver des migrants, à les accueillir devient leur raison même d'exister.

Connaissant parfaitement les arcanes juridiques et administratives, ils permettent de présenter un candidat à l'immigration selon les critères admis par l'OFPRA et détournent par là même les principes d'une évaluation pertinente et juste d'une candidature à l'immigration.

Présenté comme un soutien au réfugié, ils travestissent en réalité le réel moteur à l'immigration de ce dernier.

De ce constat, une refonte des mandats accordés à ces organismes d'accueil de premier rang doit donc être envisagée par l'État, qui ne doit plus désormais se soustraire à ses obligations d'évaluation propres, déléguées actuellement à d'autres.

B-5 De la dynamique de groupe

La dynamique de groupe en faveur de l'immigration au sein d'une communauté étrangère est à prendre en considération. La tentation de partir pour s'enrichir, pour découvrir d'autres horizons peut créer une émulation collective. Les risques d'un voyage, d'une traversée seront perçus comme moins à risque en groupe que seul. Cette dynamique est d'autant plus réelle que des communautés déjà immigrées sont un exemple à suivre.

En envoyant des ressources financières « au pays », ces communautés montrent un chemin à suivre à ceux qui sont encore au pays. Il en résulte l'organisation d'une migration à la fois pour faire perdurer les apports venant de l'extérieur, mais aussi pour l'augmenter, ce d'autant que la dynamique de la démographie interne le demande.

Au-delà du comptage démographique sur son sol d'une communauté immigrée, l'État doit percevoir la pression démographique et la dynamique de groupes dans les pays même d'émigration. Ce sont les apports financiers directs que les communautés immigrées injectent chez elles qui doivent être analysés et pesés par l'État, pour ne pas déstabiliser à la fois les États d'où viennent les migrations (la richesse ne venant pas de leurs développements intérieurs), mais aussi pour combattre l'attractivité illusoire de son propre sol.

Une régulation des transferts financiers d'une communauté immigrée doit donc être nécessaire pour protéger les sociétés d'origine et ne pas aggraver l'image d'un « miroir aux alouettes » des sociétés accueillantes.

Casser les avantages financiers communautaires permettra dans une certaine mesure de réguler la dynamique d'un groupe. Elle sera toujours effective pour rechercher la sécurité en groupe d'un voyage lointain et incertain, mais elle ne sera plus économique.

B-6 Du manque d'informations des populations immigrées

Les populations migrantes, malgré l'Internet et les informations facilement disponibles, n'ont pas conscience des devoirs inhérents à ce que signifie une immigration en France. Elles connaissent souvent très bien leurs droits dans la société qui les accueille et la façon dont il faut s'intégrer. Mais elles n'ont pas d'informations sur l'assimilation qui devrait résulter de leur venue.

Si ces populations n'ont pas le souhait de rester, l'intégration sera suffisante d'après elles, et elles ont raison. Si elles veulent rester, l'assimilation deviendra nécessaire ou pas. Tout est dans cette option de choix. C'est parce qu'elles ont un libre arbitre dans notre société, qu'elles ne font aucune démarche de fond pour comprendre les distinguos existants réellement entre leur communauté et celle de la France. Elles s'adaptent à de nouvelles lois, de nouvelles technologies, de nouveaux droits, mais ne rentrent pas dans les sujets philosophiques qui réglementent nos lois et coutumes. Ce libre arbitre, dans leurs communautés, elles ne l'ont souvent pas ou, du moins, il peut être fortement règlementé, que cela soit lié à leur naissance, aux lois tribales ou politiques qui réglementent leurs sociétés, ou à leur religion. Ce qui est acceptable chez eux sur le fond, ne l'est peut-être pas chez nous et inversement. Pourtant, il est devenu banal dans nos sociétés de faire droit à ces tendances par des « accommodements raisonnables » qui sont autant d'entorses à notre droit. Ainsi, les tribunaux français et européens sont régulièrement amenés à considérer comme une excuse l'ignorance de la loi, en contradiction flagrante avec le principe selon lequel « nul n'est censé ignorer la loi ». Bien trop souvent, le contrevenant reçoit simplement une mise en garde éducative ou un « rappel à la loi ». Cette attitude pleine de mansuétude tranche avec la ligne qui prévaut le plus souvent dans les pays d'origine des migrants. Ces pays sont, le plus souvent, bien plus intransigeants et sans pardon pour un Français qui contrevient aux lois locales.

Ce manque d'informations est surtout lié à une image caricaturale, celle d'une France perçue comme riche, tolérante, et offrant d'innombrables opportunités. Les populations migrantes ne sont pas informées que l'apprentissage du libre arbitre mesuré de la société chrétienne et des Droits de l'Homme impactera leur identité fondamentale et les éloignera de leur communauté. Ainsi, par exemple en France, dans notre système démocratique, il n'existe pas de vote communautaire, ce qui n'est absolument pas le cas du vote ethnique qui domine dans les systèmes démocratiques d'Afrique. Importer, avec les migrants, cette vision ethnique communautaire n'est pas acceptable en France.

Certes, chez eux, les principes démocratiques sont appliqués. Mais ils sont moins basés sur le libre arbitre que sur l'appartenance à une ethnie ou à un groupe spirituel.

Selon nos valeurs, c'est le libre arbitre qui préside à l'analyse politique de l'individu. Ses choix de vie résultent d'une réflexion personnelle, laquelle détermine l'orientation de son vote dans le cadre démocratique. Ce n'est pas l'appartenance à une race, ni à une religion qui préside au choix de l'individu au moment de voter.

Cet aspect des choses n'est pas expliqué suffisamment et induit en erreur le candidat à l'immigration, tout en influant sur la qualité de l'accueil qu'il recevra. En effet, le manque d'assimilation du migrant le conduira à être perçu par la population locale comme un transhumant prenant au passage ce qu'il trouve ou comme le représentant d'un groupe racial ou religieux en conquête territoriale. Il en résultera une réaction identitaire française qui clivera encore davantage la société.

L'État doit donc explicitement donner au candidat à l'immigration tous les éléments de ce qu'il va gagner, mais aussi ce qu'il va perdre en intégrant la société française. Il y perdra son attache tribale ou son attache à l'Oumma. Il pourra aussi y perdre sa famille qui dans certain cas le rejettera, mais il y gagnera une autre communauté où son libre arbitre sera pleinement défendu. C'est ce risque qui doit être expliqué au plus loin de nos représentations et tout particulièrement dans nos consulats et ambassades.

B-7 De la criminalité entrante sur le territoire national

Les sociétés migrantes ont des lois souvent très dures avec une criminalité endogène. Elles protègent leurs sociétés selon des lois ancestrales qui régulent les relations entre les hommes. Le vol, le viol, le meurtre sont punis de façon implacable et les sanctions qui en découlent servent d'exemple à ceux qui se laisseraient aller à faire des écarts. Les criminels qui survivent à leurs punitions sont souvent bannis de leur famille, car ils entachent le nom et la réputation d'un clan. Ils n'ont souvent pas d'autre choix que de s'exclure de leur environnement familial. Ils partent alors se noyer dans l'anonymat des grandes villes ou deviennent des candidats à l'émigration.

Le problème pour les pays recevant une telle immigration est de départager le bon grain de l'ivraie.

Au milieu de candidats légitimes se cache une immigration de fuite. On peut la considérer comme une migration liée à la contrainte, mais celle-ci n'est ni politique, ni religieuse, mais seulement criminelle.

La chose n'est donc absolument pas simple pour le pays de destination. Le criminel mentira sur la raison de son départ. Au besoin, il changera de nom, déchirera ses papiers d'identité, dissimulera ses condamnations. Il sera dans le déni de sa vie antérieure, partant du principe qu'il veut se refaire une vie ailleurs.

Il existe bien des accords de police entre États qui devraient permettre le suivi des criminels, mais certaines juridictions sont lentes, voire ne collaborent pas du tout, puisqu'elles trouvent là une excellente occasion de se débarrasser de leurs nationaux asociaux, trublions, fous ou criminels (Cuba, Salvador, Algérie, Maroc, Turquie, etc.). Pour sécuriser leur propre société, elles ont donc tout intérêt à favoriser le départ de ces éléments indésirables, car déstabilisateurs.

Cette logique bien comprise explique que lorsque des criminels sont condamnés dans le pays qui les a reçus et que celui-ci souhaite les faire repartir après leur temps de peine, certains pays ne sont pas du tout enclins à les reprendre. Ils font tout leur possible pour ne pas reconnaître leur identité, et rendent les procédures de renvoi complexes et dilatoires. Cela tombe sous le sens : qui a envie de récupérer des criminels ou des fous ? Ces États ont beau jeu d'estimer que si la France les a laissé venir chez elle, c'est désormais son problème. Ils ont raison sur ce point : le problème est bien chez nous.

C'est évidemment cette lecture biaisée de nos institutions que l'on retrouve dans la plupart des organismes internationaux comme l'OCDE qui ne voient dans l'immigré qu'une Force-Travail devant s'intégrer, mais ne devant nullement faire l'effort de s'assimiler. C'est la lecture mondialisée et convergente du capitalisme et du trotskisme. L'assimilation, qui intègre les fondamentaux spirituels, philosophiques, historiques d'une société, n'existe pas dans la réflexion libérale capitaliste (hors celle de la Doctrine Sociale de l'Église) ou marxiste. Bien au contraire, elle la rejette pour instaurer uniquement la stratification patron-ouvrier, laquelle peut se satisfaire de la seule intégration.

En fin de compte, dans l'état actuel des mentalités de nos dirigeants occidentaux, le fait qu'un criminel se glisse parmi les demandeurs d'asile n'a aucune importance. Pourtant, dans le même temps, les sociétés occidentales subissent de plein fouet les conséquences de ce parti pris.

Notre échelle de lecture est donc faussée à travers deux principes antagonistes :

- Celui de la régulation de l'immigration de criminels et autres individus asociaux.

- Celui d'une Force-Travail donnant droit à l'accueil sous couvert d'une protection contre une persécution.

Avec toutefois beaucoup de difficultés, plusieurs options existent, qui permettent d'évaluer avec plus ou moins de pertinence la vraie nature d'un candidat :

- *L'ouverture des informations judiciaires des pays d'émigration :* solution difficile, car les pays se veulent jaloux de leurs prérogatives d'État (sous prétexte de la protection des individus) et ne souhaitent pas communiquer sur leurs ressortissants, surtout criminels. Certains pays n'ont pas non plus une information centralisée ou pire, comme on l'a vu, ils ne souhaitent pas communiquer ce genre d'informations, car l'occasion est trop belle de se débarrasser, par l'émigration, de leurs propres éléments indésirables. En outre, cette émigration, qu'elle soit de travail ou de prédation, représente pour le pays d'origine une manne non négligeable, notamment par le transfert direct de fonds en direction de la famille restée sur place. Ces États ont donc toute sorte d'intérêts à refuser de communiquer les informations permettant une évaluation sur l'antériorité judiciaire des candidats à l'immigration. Se pose aussi le problème des pays de transit qui, bien évidemment, ne disposent pas de l'information.

- *Le questionnaire d'entrée et l'explication des sanctions en cas de mensonge :* L'interrogatoire préliminaire d'évaluation doit comporter des questions précises sur l'environnement du candidat et sa projection dans sa propre société, ainsi que les références qu'il peut donner pour garantir qu'il n'a pas été condamné. Ce questionnaire doit comporter une explication précise sur les risques encourus en cas de mensonge et les sanctions qui en découleraient. Ces sanctions doivent être suffisamment crédibles et sévères pour dissuader de travestir une réalité. Actuellement, lors d'une demande d'asile et durant l'examen préliminaire de ce statut, le mensonge ou la dissimulation sont assimilés à une « demande manifestement infondée » qui rejette *de facto* la demande d'asile. C'est le plus en amont possible, dans les pays d'origine, que les autorités françaises doivent s'employer à le faire savoir auprès des populations concernées.

Dans l'état actuel des choses, qu'il soit frappé d'une perte de ses droits comme réfugié, d'une peine de prison ou d'une reconduite aux frontières (OQTF), le migrant sait pertinemment qu'il restera, en réalité, dans la plupart des cas, sur le sol français et que son renvoi chez lui sera plus qu'hypothétique, car il utilisera tous les recours fournis par la loi. Il aura même la possibilité d'échapper à sa reconduite non par la loi, mais tout simplement par le refus du commandant de l'avion de le prendre comme passager. Il suffira en effet que l'intéressé se mette à crier et à s'agiter, même encadré par des policiers dans l'avion, pour qu'il représente un « danger » pour les autres passagers. Ce d'autant plus que certains passagers, ne souhaitant pas faire un voyage dans le trouble ou motivés par un biais idéologique, iront en défense du criminel dans l'avion même. Le commandant de l'appareil prendra alors la décision de ne pas le prendre à son bord.

La (seule) mesure qui peut finalement être redoutable et redoutée est la détention dans un lieu d'Afrique ou d'ailleurs, où il pourra avoir les mêmes droits que dans le système judiciaire français, mais où les conditions carcérales seront différentes et plus proche de son propre système de société. Connaissant déjà cet environnement de détention, il ne sera pas tenté de mentir, mais surtout cette information étant partagée et connue chez les criminels, elle ne les incitera pas à partir de chez eux.

Le problème de la décision du commandant d'un avion refusant d'embarquer un expulsé, pourra être contourné en créant une unité de transport spécialisée à l'instar du « Justice Prisoner and Alien Transportation system » (JPATS) américain.

B-8 Du regroupement familial

À compter des années 1970, il est à noter que tous les pays européens ont mis principalement un terme à l'immigration économique d'origine extra-communautaire.

L'immigration légale ne concerne plus désormais que quelques catégories de personnes :

- étudiants,
- stagiaires,
- individus dotés d'une qualification professionnelle exceptionnelle,

- membres de la famille d'un étranger régulièrement installé (regroupement familial).

Actuellement, l'immigration en Europe reste due essentiellement :

- au regroupement familial,
- aux demandes d'asile,
- à l'entrée de clandestins.
- Aux mineurs non accompagnés (MNA)

En France, le regroupement familial est réservé aux membres de la famille d'un étranger titulaire d'un titre de séjour. L'étranger souhaitant faire venir sa famille doit justifier d'une durée minimale de résidence dans le pays européen dans lequel il fait la demande. Il doit justifier d'une cohabitation réelle avec les bénéficiaires du regroupement, ce qui sous-entend l'existence de conditions de revenus et de logement décents, sauf s'il s'agit de réfugiés titulaires d'un droit d'asile.

La pertinence d'une relation familiale concernant des personnes venues de systèmes où la structure des sociétés est différente, avec notamment l'usage de la polygamie que l'on retrouve dans l'Islam ou dans certaines sociétés africaines, reste difficile à établir. Des questions détaillées sur l'organisation familiale, tribale, religieuse doivent être posées à chaque postulant au regroupement familial. Ces démarches constituent un très lourd travail d'enquête et ne peuvent reposer, a priori, sur un postulat de déclarations sincères. En effet, l'étranger, connaissant parfaitement la société européenne dans laquelle il fait sa demande, peut tout à fait distordre le contexte de ses relations privées pour qu'elles correspondent aux attentes de celle-ci.

Par exemple :

- Dissimuler sa polygamie en faisant venir une de ses femmes en Europe pour s'occuper de son nouveau foyer de résidence, tout en ayant une autre femme dans son pays d'origine, est une réalité tribale et/ou sociale peu perceptible dans notre société.

- Faire la demande d'un regroupement familial pour une progéniture avec plusieurs femmes n'aura pas la même incidence en nombre d'enfants que s'il s'agissait d'une relation monogame et fera porter sur le pays résident une charge d'instruction disproportionnée.

- Justifier qu'un ascendant (père ou mère) est seul et dépendant de l'étranger résident pour qu'il puisse venir le rejoindre, revient aussi à entreprendre une enquête lourde dans le pays d'origine.

- Utiliser le mariage pour obtenir un droit de résidence peut cacher un mariage « blanc » qui nécessite pour chaque demande une évaluation du lien sentimental ou le lien réel d'intérêt entre les époux.

- Dissimuler sa polygamie en faisant venir ses femmes sous le statut de « mères isolées » et vivre avec en France en leur faisant toucher les allocations de soutien familial et la CAF.

Même s'il existe, en fonction des pays européens, des limitations au regroupement familial, comme l'interdiction des regroupements répétés ou en cascade, le coût d'évaluation et de collecte d'informations sur tous les postulants, qui constituent à chaque fois des cas particuliers, sont considérables et *in fine* extrêmement couteux.

Au-delà de ce travail d'enquête préliminaire, les autres incidences du regroupement familial à prendre en considération sont l'impact sur la démographie, le coût de l'intégration et de l'assimilation, les charges de solidarité nationale (Sécurité sociale, RSA et autres aides financières) qui impacteront les finances publiques de façon positive ou négative selon les cas et les lectures politiques.

Il s'agit donc de mettre en adéquation un principe humaniste de regroupement familial et la charge ou le bénéfice que celui-ci représente réellement pour la communauté d'accueil.

Une réflexion politique, administrative et financière, sans complaisance, doit être menée afin de connaitre l'impact et le coût du regroupement familial dans la société française.

B-9 Du droit d'asile

Dans ce contexte général, la procédure d'asile est devenue l'ultime voie légale d'accès à l'immigration.

Confrontés au flux croissant de postulants et afin de limiter le nombre de demandeurs d'asile, les pays européens ont eu le souhait de réformer leurs lois sur le droit d'asile dans l'espoir d'accélérer le traitement des demandes.

Ces réformes portent principalement sur :

- La multiplication des procédures préalables à la recevabilité permettant de rejeter une partie des demandes avant l'examen au fond. Ces procédures appliquent deux règles permettant de rejeter rapidement une partie des demandes : le principe du pays de premier asile et la notion de « demande manifestement infondée ». Ainsi, le principe du pays de premier asile permet de rejeter une demande si la personne a transité préalablement par un pays européen qui l'a déjà accueilli sur son sol ou s'il est considéré, selon certains pays (Allemagne, Angleterre, Pays-Bas), comme venant d'un pays sûr. De même, la définition des « demandes manifestement infondées » recouvre à la fois les démarches frauduleuses (usurpations d'identité, papiers falsifiés, demandes fondées sur des fausses déclarations...) et celles qui ne correspondent pas aux critères de la reconnaissance de la qualité de réfugié énoncés par l'article premier de la Convention de Genève.

- Les obstacles mis à l'entrée rapide des postulants dans le pays dont ils demandent l'asile, afin de limiter les détournements. Auparavant, les postulants au droit d'asile pouvaient séjourner dans le pays d'accueil pendant toute la durée d'examen de leur dossier. Désormais, dans plusieurs pays européens, des lois subordonnent l'entrée dans le pays à la recevabilité de la demande. Ainsi, une rétention administrative a lieu préalablement à l'entrée sur le territoire et aussi longtemps qu'il n'a pas été statué au fond sur la demande du migrant. Cette mesure permet d'éviter qu'un postulant puisse détourner la demande de droit d'asile afin de devenir un clandestin disparaissant dans la nature une fois la demande déposée. Toutefois, les procédures, faites à partir d'un centre de rétention, obéissent à des délais d'instruction administratifs très encadrés qui, si elles ne sont pas effectuées dans le temps imparti, permettent à un avocat de demander la levée de la rétention. Certes, cette action ne lève pas une obligation de quitter le territoire, mais facilite de facto la situation de clandestin si le postulant débouté disparaît et se dissimule dans la société française.

- L'expulsion sans délai des demandeurs déboutés. Si leur demande est considérée comme irrecevable ou si l'asile leur est refusé, les postulants doivent quitter rapidement le pays. Ce délai qui varie selon les pays européens, peut s'étaler de quelques semaines à quelques mois en fonction des recours. Toutefois, cette obligation de partir comporte quatre questions pour lesquelles l'administration n'a pas de réponses forcément adaptées à chaque postulant débouté :

    - L'expulsé a-t-il les moyens financiers pour partir ?

- Qui va payer son départ ?
- Où va-t-il aller ?
- Dans quel délai concrètement peut-il le faire ?

Dans une application stricte de la loi, l'administration peut s'en tenir à une reconduite aux frontières. Mais de quelles frontières s'agit-il ? Celles du pays d'accueil ou celles de l'Europe ?

S'il s'agit d'une arrivée extra-européenne par bateau, où sont les frontières ? Celles des eaux territoriales ? Celles des pays de départ ?

S'il s'agit d'une reconduite aux frontières du pays d'accueil, le problème reste le même sur le fond, puisqu'une nouvelle demande d'asile sera reformulée dans le pays voisin européen avec probablement les mêmes conséquences de refus. Il s'agira juste pour l'administration française de se défausser du problème sur un autre pays de l'espace Schengen.

S'il s'agit des frontières européennes, la situation des frontières maritimes de pays comme la Grèce, l'Italie et l'Espagne pose alors le problème de l'expulsion vers un pays non européen (Turquie, Libye, Maroc, Algérie, Tunisie) et la quasi-impossibilité de leur renvoi pour des raisons politiques et administratives.

Quant à la question de qui paye les frais d'une expulsion, il est entendu que cela se fait au détriment de l'État ayant refusé le droit d'asile. Il faudra, de plus, que ce dernier ait les moyens réels de transport appropriés (avions et véhicules de rétention) pour une reconduite en dehors des frontières européennes.

Cette réalité des conditions de l'expulsion doit donc être vue dans un cadre pratique et non plus dans le cadre simple de l'examen d'une situation qui pourrait éventuellement déboucher sur un refus de la demande d'asile. C'est une globalité de la réponse qui doit être prise en compte avec :

- De véritables centres renforcés de rétention, permettant de s'assurer que le migrant candidat, une fois arrivé sur le sol national, ne s'évanouisse pas dans la nature ;

- Des moyens de transport spécialisés comme des avions et des bateaux adaptés aux transports des personnes expulsées du territoire ;

- Des centres d'accueil en dehors des frontières européennes.

B-10 De la lutte contre l'immigration clandestine

En Europe, les dispositifs de lutte contre l'immigration clandestine se sont diversifiés et adaptés au cours des dernières années.

Les principales mesures sont :

- La création de nouvelles infractions relatives à l'entrée irrégulière ;

- L'aggravation des sanctions préexistantes ;

- Le renforcement de la lutte contre le travail clandestin ;

- La multiplication des obligations imposées aux transporteurs.

Ainsi, en France, les articles L622-1 à 9 de la loi du Code de l'Entrée et du Séjour des Etrangers et du Droit d'Asile (CESEDA - Livre VI-Titre II-Chapitre II) peuvent sanctionner l'aide à l'entrée clandestine d'étrangers.

Toutefois, ces dernières années, plusieurs organismes comme la Commission Nationale Consultative des Droits de l'Homme (CNCDH) ou même le Conseil constitutionnel ont argumenté afin que ne soient pas mises sur le même plan l'aide humanitaire apportée à titre individuel ou par des associations à l'entrée clandestine de migrants, et l'activité de ceux qui exploitent les sans-papiers en contrepartie d'un versement d'argent (passeurs, trafiquants de main-d'œuvre, marchands de sommeil…). L'argumentation de ces organismes politisés s'appuie notamment sur le fait que la législation française est beaucoup plus restrictive que le droit européen puisque la nécessité de l'existence d'une contrepartie pécuniaire n'y figure pas.

Ainsi, des individus ou des associations délibérément dans l'illégalité, selon le Code de l'Entrée et du Séjour des Etrangers et du Droit d'Asile (CESEDA), arrivent à faire casser par la Cour de cassation les décisions de justice.

Les individus siégeant à la Commission Nationale Consultative des Droits de l'Homme (CNCDH) et au Conseil constitutionnel ont la même lecture biaisée des Droits de l'Homme et s'inscrivent dans une conception gauchiste dénaturant les principes mêmes du droit d'asile. La nature de ces positions et leurs résultats rendent caduques les principes de lutte contre l'immigration clandestine. En effet, ces positions sont encouragées, en sous-main et au plus haut niveau de l'État, par des politiciens engagés non pas pour un bien philanthropique et philosophique, mais en faveur de la libre circulation de la Force-Travail utile à la mondialisation.

La lutte contre le travail clandestin est donc de facto faussée, car c'est sur l'aspect de la fraude fiscale et sociale que se focalise en France le combat contre le travail des clandestins. Étant en infraction de résidence, ceux-ci ne sont pas déclarés et aucune charge sociale n'est versée à l'État. Ce n'est donc pas sur le principe du soutien à l'immigration, mais sur l'évasion fiscale et le non déclaratif d'une embauche que des contrevenants seront jugés.

Ainsi, aucun entrepreneur du bâtiment, de la restauration ou de l'agriculture ne seront emprisonnés pour leur soutien à l'immigration. Ils auront des redressements fiscaux, des amendes, mais ils ne seront pas perçus comme les auteurs directs d'un trafic d'êtres humains. Alors que dans les faits, pour le nouvel arrivant, ils sont l'origine même de ce désir d'immigration. Ils font miroiter et offrent un débouché à cette Force-travail importée. Ils pourraient de ce fait être considérés comme de nouveaux esclavagistes.

Si des obligations sont faites aux transporteurs aériens pour qu'ils vérifient à l'embarquement les documents de voyage de leurs passagers, il n'est rien demandé aux associations affrétant des bateaux pour aller chercher des migrants en mer. C'est sur un principe d'humanisme que se fonde leur droit à aller recueillir les malheureux postulant pour l'immigration.

Ces associations affirment qu'elles ne tirent aucun « bénéfice » de leurs actions. C'est bien évidemment faux et trompeur, car les subventions et les aides que ces associations reçoivent leur permettent de payer les salaires, les avocats et les frais de fonctionnement de leurs structures. Au plan strictement comptable, ce n'est pas un bénéfice, mais ces associations en tirent un profit réel. En effet, si elles ne sont pas payées directement par les migrants, leur travail de marketing, pour trouver des sponsors sensibles à la détresse humaine ou à la cause mondialiste de la libre circulation de la Force-Travail, est directement corrélé au trafic d'êtres humains : sans immigration et sans trafic, pas de financement.

Par extension, les organismes européens, les municipalités, les régions, les fondations qui financent ces associations, pourraient être perçus comme les bénéficiaires finaux de ce trafic, bien que ces entités n'en tirent aucun bénéfice et surtout aucun profit. Sur le fond, ces organismes vont participer aux financements de ces associations par pure compassion et pour de véritables raisons humanitaires. Mais il n'en est rien pour les associations qui utilisent les fonds qu'elles reçoivent comme le faisaient les négriers du XVIIème et XVIIIème siècles. Elles sont payées pour chercher une main-d'œuvre internationale et favorisent, sous couvert de nobles sentiments, le trafic d'êtres humains.

Finalement, en vivant de collectes de fonds pour subvenir à leurs propres besoins tout en mettant en avant un humanisme de façade, ces associations fonctionnent comme le faisaient les Anglais au XIXème siècle, lorsqu'ils interdirent le trafic d'esclaves et en profitèrent pour arraisonner et saisir tous les bateaux se risquant à contrevenir aux principes qu'ils avaient édictés. C'était alors une activité économique dissimulée sous de grands principes. Le procédé et la recherche d'un profit n'a pas changé de nos jours. Seule la forme a changé.

B-11 Des mineurs non accompagnés

Conformément à la terminologie du droit européen apparue dans la résolution du 26 juin 1997 du Conseil de l'Europe, un « mineur isolé étranger » (MIE), en France, est désormais appelé « mineur non accompagné » (MNA).

Faisant suite aux engagements de la France pris dans le cadre de la Convention Internationale des Droits de l'Enfant (CIDE), et en vertu de la Déclaration des droits de l'enfant des Nations Unies qui postulait dès 1959 dans son préambule que « l'enfant, en raison de son manque de maturité physique et intellectuelle, a besoin d'une protection spéciale, et de soins spéciaux, notamment d'une protection juridique appropriée, avant comme après la naissance », un mineur non accompagné est éligible au dispositif français de protection de l'enfance qui n'exige pas de condition de nationalité.

Ainsi, à la différence de l'Angleterre, ce n'est pas en sa qualité de migrant qu'un « mineur non accompagné » étranger est traité, mais au titre de la protection de l'enfance. La prise en charge des « mineur non accompagné » (MNA) relève donc des services de l'Aide Sociale à l'Enfance (ASE) mis en place par les départements.

Lorsqu'un migrant se déclare mineur et privé de la protection de sa famille, le service de l'ASE dispose de seulement cinq jours maximum (article L223-2 du CASF) pour évaluer sa minorité réelle et l'état de son isolement familial. En attendant, elle doit lui assurer un accueil provisoire d'urgence.

Cette évaluation définie par l'arrêté du 17 novembre 2016 (R. 221-11 du Code de l'Action Social et des Familles (ACSF)) consiste en des entretiens menés par les services du département ou par une structure du secteur public ou du secteur associatif à laquelle cette mission a été déléguée avec souvent, il faut bien le dire, peu de pertinence pour des raisons de biais idéologiques.

Ces services doivent évaluer avec le plus de justesse possible et dans un délai très court :

- Le pays et la région d'origine de l'intéressé, son État civil s'il détient une documentation d'une administration étrangère, ainsi que sa situation personnelle.

- Sa structure familiale dans son pays d'origine (identité et âge des parents et membres de la fratrie), le maintien des liens éventuels avec celle-ci depuis son arrivée en France, la présence de membres de sa famille résidant éventuellement en France ou en Europe.

- Ses conditions de vie dans le pays dont il vient (contexte géopolitique de la région d'origine, situation économique et localisation actuelle de la famille, niveau de scolarité ou de formation).

- Ses motifs de départ pour rejoindre la France et le parcours migratoire entrepris.

- Ses conditions de vie depuis son arrivée sur le territoire national.

- Ses projets en termes de scolarité et de demande d'accueil.

- Son état psychologique et son isolement réel ou prétendu tel.

Ces services doivent ensuite informer l'intéressé du droit des mineurs dans notre pays et des formalités qu'il aura à entreprendre s'il demande, à l'issue de sa majorité, un droit d'asile.

Faisant suite à ces entretiens, l'évaluateur transmet, au président du conseil départemental, son rapport et son avis sur la pertinence déclarative de minorité ou la possible majorité du postulant et sur le caractère réel ou non de son isolement familial.

Si des incertitudes existent quant à l'âge du candidat, elles impliqueront des délais supplémentaires de vérification. Le président du Conseil départemental aura alors le choix de :

- Transmettre aux autorités en charge de la lutte contre la fraude documentaire les éléments d'identification produits par la personne évaluée, afin qu'ils déterminent s'ils sont réguliers ou non, authentiques ou falsifiés, et si les faits qui y sont déclarés pourraient ne pas correspondre à la réalité,

- Saisir la justice pour procéder à des examens radiologiques osseux prévus à l'article 388 du Code civil.

De cette situation, il résulte des dysfonctionnements majeurs.

Comme le faisait remarquer un rapport de mission sur les MNA datant de 2018 et deux rapports du Sénat de 2017 et de 2021 (rapports d'information sur la prise en charge sociale des mineurs non accompagnés), les délais de vérification et d'enquête conduisent à « mettre à l'abri » le candidat mineur ou prétendu tel dans un centre d'hébergement ou dans un foyer. Généralement, il s'agit d'un hôtel pris en charge par le département. Cette mesure amène à une saturation des infrastructures d'accueil et grève significativement les budgets alloués pour la protection de l'enfance.

À cela s'ajoute, que n'étant pas un centre de rétention administratif, le « mineur » candidat à l'immigration peut sortir de l'hôtel comme bon lui semble et disparaître dans la nature pour devenir alors un clandestin. C'est une manœuvre somme toute assez simple pour rentrer sur le territoire et échapper au cadre du contrôle normal de l'immigration. Dans ces conditions, la protection de « l'enfant » n'est absolument pas assurée. Celui-ci peut être attiré, depuis l'hôtel payé par les départements, vers des réseaux mafieux, des réseaux de prostitution qui profiteront de sa détresse pour l'exploiter. Ce qui va exactement à l'opposé des mesures souhaitées par le CIDE et par l'ASE.

De plus, durant tout le temps d'enquête qui peut prendre plusieurs mois, la scolarité du « mineur » n'est absolument pas assurée correctement, puisque l'hébergement temporaire fourni n'est pas adapté à cette mission.

Il faut donc admettre trois choix possibles, soit :

- Annuler toutes les enquêtes et retenir uniquement le postulat déclaratif du candidat à l'immigration.
- Raccourcir les délais de vérification.
- Envisager un centre d'hébergement en rétention administrative, spécialement dédié aux mineurs, avec tous les moyens de protection et d'instructions à disposition.

La solution de facilité consistant à ne faire aucune enquête conduirait à attirer toute une jeunesse immigrée vers la France. Ce qui n'est pas souhaitable, autant pour les pays d'émigration que pour le pays d'accueil. Cette solution de facilité serait bien évidement une merveilleuse nouvelle pour tous les passeurs et associations ou sociétés qui exploitent cyniquement l'immigration.

Si la durée d'enquête est difficilement compressible, surtout s'il s'agit de vérifier dans le pays d'origine les éléments fournis, il ne reste plus qu'à envisager la construction de centres spécialement adaptés aux « mineurs non accompagnés ».

Autant pour leur bien-être (scolarité, santé) que pour leur sécurité immédiate, ce n'est pas leur qualité d'enfant qui serait remise en cause comme candidat à l'immigration, mais ce sont les infrastructures d'accueil qui basculeraient dans un nouveau statut : celui de centre de rétention pour mineurs avec un encadrement adapté, interdisant toute possibilité de fuite sur le territoire national tant que leur statut n'aura pas été clairement défini.

De surcroît, cela permettrait de donner à ces « enfants » un enseignement ou un perfectionnement en langue française, de leur communiquer les valeurs philosophiques et morales qui régissent notre pays, de leurs droits et devoirs au sein de la société. À l'issue de leur temps de passage dans ce centre, si leur statut de « mineurs non accompagnés » était accepté, ils auraient ainsi reçu une formation à l'éducation civique qui faciliterait leur intégration et leur assimilation à la France.

S'ils étaient déboutés de leur statut de MNA, ils basculeraient alors dans un centre de rétention administratif (CRA) pour migrants majeurs avec toute la procédure de droit d'asile qui en découle.

C'est donc à l'État de construire ce type d'infrastructure et de mettre à leur disposition des moyens humains en accompagnement.

De même, c'est à l'État de prendre en charge l'évaluation de chaque profil de « mineurs non accompagnés » et de ne plus faire confiance aux mandats faits à des organismes associatifs tiers qui sont directement parties prenantes dans le souhait de favoriser l'immigration en France.

En complément de cette problématique d'hébergement, des polémiques existent sur la pertinence des moyens techniques d'évaluation de l'âge d'un candidat pour acquérir son statut de MNA.

L'article 43 de la loi du 14 mars 2016 relative à la protection de l'enfant a inscrit les examens radiologiques osseux, à l'article 388 du Code civil, mais il précise aussi « qu'*il ne peut être procédé à une évaluation de son âge à partir d'un examen du développement pubertaire des caractères sexuels primaires et secondaires* ».

De plus, selon un avis du Haut conseil de la Santé publique, celui-ci a conclu en 2014 qu'il n'y avait pas de nouvelles données scientifiques permettant de déterminer avec précision et fiabilité l'âge d'un individu. Cela sous-entend que dans l'état actuel des choses, il n'y a pas d'autres solutions que de pratiquer un test osseux.

Faisant suite à une question prioritaire de constitutionnalité sur la pertinence de ce contrôle, le Conseil constitutionnel a déclaré ces dispositions de vérification conformes à la Constitution dans sa décision du 21 mars 2019, estimant que le législateur a prévu des garanties suffisantes.

Si la majorité en France est reconnu à 18 ans, une marge d'incertitude, entre 16 et 18 ans, existe pourtant bien avec les tests radiologiques osseux. Cette marge d'erreur est notifiée au juge qui utilise son libre arbitre pour trancher sur le statut de l'intéressé. Le doute bénéficiant toujours à « l'enfant ».

De ce constat, il résulte qu'au même titre qu'une prise d'empreintes digitales (le Conseil européen pour les réfugiés et les exilés a statué que la prise d'empreintes digitales de force était possible et appliquée notamment pour les immigrants illégaux dans une dizaine de pays tels que l'Autriche, la République tchèque, l'Allemagne, l'Italie, les Pays-Bas, la Pologne, la Slovaquie, le Royaume-Uni et la Norvège. Et spécifiquement pour les immigrants illégaux en Grèce et en Estonie), qu'une photographie, ou qu'un bilan de santé, cette mesure de vérification par radiographie osseuse doit être rendue automatique sans nécessité de passer par un juge, puisqu'il s'agit de protéger l'enfant le plus tôt possible et donc de statuer sur les aides à lui fournir.

Ces mesures sont tout simplement celles à la fois d'un bilan de santé et celles d'une demande d'informations globale tant auprès des administrations compétentes du pays d'origine (empreintes digitales) qu'au travers de ces tests. L'évaluation de l'âge peut alors être déléguée de façon automatique selon des critères de pourcentage préfixés.

Pour palier en partie cette nécessité de recouper les données biométriques des personnes se présentant comme MNA, il a fallu attendre la loi du 10 septembre 2018 (article 51) pour que l'État mette en place une application d'Appui à Évaluation de Minorité (AEM) effectuée par les départements. Or, comme le faisait remarquer la Cour des comptes, seuls 77 des départements participent aujourd'hui volontairement au fichier AEM. Les 24 restants n'y sont pas raccordés pour des raisons principalement politiques.

Ces dysfonctionnements, tant administratifs que de qualité d'accueil, créent des situations insupportables pour la société française. Elles favorisent une criminalité entrante dont sont malheureusement responsables l'ensemble des acteurs traitants ce sujet.

Les postulants délinquants utilisent les droits accordés par l'Assistance Sociale à l'Enfance pour s'infiltrer sur le territoire et y commettre des délits, voire des crimes. Ainsi, après un échange d'informations sur les empreintes digitales des MNA délinquants, entre la Direction de la Coopération International du Ministère de l'Intérieur et les autorités algériennes, marocaines et tunisiennes, il résulte d'après « *une expérimentation menée par le parquet de Paris en 2019 que, pour 154 jeunes formellement identifiés, 141 étaient majeurs, soit 91,6 % d'entre eux.* ».

C'est donc bien à la fois une falsification déclarative de leur âge et un glissement vers la criminalité directement liée au défaut d'encadrement de leur résidence sur le territoire national.

Cela amène évidemment aux mesures, traitées précédemment, concernant le traitement de la criminalité allogène et au refus du droit d'asile sur la base de demandes manifestement infondées.

Si l'environnement de sécurité des centres de rétention administratifs pour l'enfance construits en France seraient de même nature que celui des centres de rétention administratifs pour les migrants demandeurs d'asile, ils s'en distingueraient significativement par les infrastructures scolaires et de formations mises à disposition en leur sein. Les départements n'auraient donc plus la charge d'hébergement des MNA, mais conserveraient un devoir de soutiens et de protection pour les insérer dans la société.

B-12 De la citoyenneté

Dans les pays occidentaux, les citoyens sont ceux qui ont le droit de vote. Un enfant, par exemple, peut être de nationalité française, mais il ne devient citoyen français qu'à partir de 18 ans, l'âge de la majorité politique. Pour devenir citoyen français, il est indispensable d'avoir la nationalité française. De nouvelles formes de citoyenneté (européenne) viennent compléter ces critères. Ainsi, « est citoyen de l'Union européenne toute personne ayant la nationalité d'un État membre ».

C'est le statut juridique du citoyen qui lui donne pleinement accès à la vie publique, la citoyenneté implique des droits et des devoirs.

Les notions de nationalité et de citoyenneté sont donc distinctes.

La nationalité française peut être attribuée dès la naissance pour :

- tout enfant né en France ou à l'étranger dont au moins un des parents est Français, c'est le « droit du sang » ;
- tout enfant né en France de deux parents apatrides ;
- tout enfant né en France dont au moins un des parents est également né en France, c'est le « double droit du sol ».

Pour l'enfant dont les parents sont étrangers, il doit avoir sa résidence habituelle en France pendant une période continue ou discontinue d'au moins cinq ans depuis l'âge de 11 ans. C'est le « droit du sol ».

La question pertinente à se poser est simple : une personne née sur le sol national peut-elle devenir citoyenne si elle n'a pas intégré les principes philosophiques et spirituels d'égalité entre les hommes que porte la société française ?

De par le libre arbitre individuel, cela est possible. Chaque personne peut adhérer à la religion de son choix, à telle ou telle doctrine politique, croire même dans une inégalité entre les hommes. Tout est admissible, même si cela peut contrevenir à certains principes. L'individu a des choix qui lui sont propres, il se forgera une identité de vues selon son expérience, ses rêves, ses aspirations. Il sera intégré dans la société. Pas forcément toujours assimilé selon ses prises de position, mais toléré, car son libre arbitre sera toujours reconnu, évidemment dans une certaine mesure.

La nationalité permet l'intégration, la citoyenneté permet l'assimilation.

C'est dans le jugement collectif au sein d'une société que cette assimilation devient plus complexe. Autant à titre individuel, des positions contraires sur le fond aux principes de la société dans laquelle vit une personne peuvent être tolérés, autant un groupe d'individu marqué par une identité de naissance, de race ou de religion qui prétendrait à la citoyenneté, est inacceptable, car, en association, ce n'est plus le libre arbitre individuel, mais une prédestination de groupe qu'il sera impossible d'assimiler. Collectivement, ils ne sont pas citoyens, mais représentent un corps étranger distinct en soi du reste de la population.

Il est pourtant possible de reconnaître la citoyenneté d'un groupe qui en fait la démarche et accepte le Code civil. Ce fut le cas des indigènes juifs en Algérie française (Décret Crémieux 1870), qui acceptèrent, pour devenir des Français, de renoncer au statut de l'indigénat qui leur permettait d'être régis par la loi mosaïque (loi juive). Par contre, laisser se développer un groupe rejetant le Code civil français au nom de sa loi religieuse, n'est pas possible sur le sol national.

Au XIXème siècle, en Algérie française, le refus des autorités musulmanes de voir leurs ouailles renoncer à être régis par la loi coranique au profit du Code civil français, a fait obstacle à l'octroi collectif de la citoyenneté française aux indigènes musulmans. C'est pourquoi le volet du décret Crémieux traitant des musulmans s'est borné à leur ouvrir la voie de la naturalisation par une démarche individuelle et non collective.

Sur le fond, un individu rejetant fondamentalement le Code civil français au nom de la loi coranique, s'il peut être reconnu comme disposant de la nationalité française, peut-il pour autant être considéré comme un citoyen ?

Si on introduit une distinction entre les nationaux, entre ceux qui auraient des droits de citoyens et ceux qui ne les auraient pas, cela va à l'encontre même des principes d'égalité devant la Loi et des principes philosophiques qui ont forgé tout l'espace national.

On pourrait alors admettre plusieurs positions :

- Une citoyenneté individuelle qui deviendrait effective après un temps long permettant de reconnaître chez une personne sa reconnaissance de la primauté du droit français sur les lois coraniques. Une personne bien assimilée pouvant prétendre alors à la citoyenneté. Des enquêtes ou des personnes en dehors de son cercle pourraient témoigner de ses facultés à faire valoir ses droits de citoyen.

- Une citoyenneté de groupe qui deviendrait automatique si une assemblée de musulmans reconnaissait la prééminence du droit français sur la loi coranique. Cette dynamique de groupe devrait pouvoir être confirmée au sein d'une assemblée tenue dans une mosquée.

Ces deux démarches entraîneraient une rupture communautaire et un rejet de l'Oumma. Pour les musulmans, il en résulterait un schisme doctrinal.

Mettre la citoyenneté en parallèle d'un schisme religieux n'est donc pas une affaire simple.

Dans tous les cas, l'acquisition de la citoyenneté française d'un ressortissant français issu d'une famille dont la transmission d'un patrimoine religieux se fait par la naissance, ne doit pas être automatique, car c'est l'évaluation du libre arbitre et la compréhension des Droits de l'Homme chez celui-ci qui doit permettre son rattachement à la communauté française.

À ses 18 ans, si un tel individu ne choisit pas la citoyenneté française, ou si elle lui a été refusée pour des comportements asociaux ou contraire à l'ordre public, il conservera sa nationalité française pour une durée déterminée. Cette durée n'en fait donc pas un apatride. Elle lui laisse le temps de trouver un autre territoire dans le monde plus en accord avec sa sensibilité et ses droits.

En règle générale, ce ressortissant français non citoyen pourra acquérir la nationalité du pays d'origine de ses parents, pays qui reconnaissent pour la plupart le droit du sang et non le droit du sol comme en France. Ce ressortissant devra souvent faire de nouveaux efforts pour prétendre à cette nationalité, comme faire son service militaire dans le pays en question, apprendre sa langue s'il ne la connaît pas, se familiariser avec ses lois et les devoirs vis-à-vis de sa nouvelle communauté.

Ainsi, ce n'est pas sous l'angle du droit du sol que pourra se créer la nationalité de celui qui refuse la citoyenneté française, et qui perdra à terme sa nationalité française, mais sous celui du droit du sang. Dans les pays d'Afrique et les pays de l'Oumma, c'est la transmission par le sang ou la filiation qui fait la nationalité. Perdant la nationalité de droit du sol français, il récupère la nationalité de droit du sang de ses parents. Il ne risquera ainsi en aucune manière de devenir un apatride.

Si des exceptions peuvent survenir (pour un orphelin par exemple), le traitement de la nationalité se fera alors au cas par cas, mais protégera toujours l'individu s'il ne peut avoir une autre nationalité et citoyenneté.

Pour acquérir la citoyenneté française, il suffira de faire répéter plusieurs fois au candidat un serment reconnaissant solennellement les points suivants :

- Qu'il adhère en toute conscience et à titre personnel aux Lois françaises et aux principes des Droits de l'Homme.

- Qu'il comprenne que son libre arbitre implique des droits et des devoirs dans la société française et qu'il en fera usage avec bon sens et mesure.

- Qu'il renie toute forme de droits et de discriminations ethniques, raciales, sexuelles ou religieuses liées à son statut antérieur hérité par le sang, sa naissance ou filiation.

- Qu'il aime la France, son Histoire, chérit son modèle de société, et qu'il souhaite devenir citoyen français.

Cette prestation de serment, répétée plusieurs fois devant témoin, devrait servir à affirmer une volonté propre et faire prendre conscience au candidat qu'il sort d'une communauté pour en rejoindre une autre, celle de la France en l'occurrence.

C – MESURES À PRENDRE

Des constats précédents, il résulte plusieurs mesures à prendre. Certaines sont constitutionnelles, d'autres législatives, administratives ou techniques.

C-1 Au niveau constitutionnel

Il s'agit de réformer le Conseil constitutionnel en changeant le mode de nomination des « Sages », les hommes qui le composent et les durées de mandat.

Ainsi des révisions pourraient porter sur les points suivants :

- Aucun « Sage » ne devrait avoir eu, dans sa vie antérieure, d'engagement politique ou militant.

- Les « Sages » devraient passer devant une commission composée d'élus (parlementaires, sénateurs, représentants du Chef de l'État, personnes de la société civile) afin d'être acceptés dans leur nouvelle fonction.

- Ils devraient tous être des juristes de profession.

- Ils n'auraient pas le droit d'utiliser une « interprétation » des Droits de l'Homme pour donner leur avis d'expertise sur la nature d'une loi ou d'un référendum.

- Certaines décisions antérieures d'inspiration politique ou philosophique pourraient être révisées selon ces principes d'exclusion d'une interprétation.

C-2 Au niveau de la Commission Nationale Consultative des Droits de l'Homme (CNCDH)

« *Créée en 1947, par René Cassin, la CNCDH a un rôle de vigilance, de proposition, de suivi et de sensibilisation auprès du Gouvernement et du Parlement sur tous les sujets touchant aux droits de l'homme et au droit international humanitaire. Elle est dotée de plusieurs mandats, à savoir : le mandat de rapporteur national sur la lutte contre le racisme, l'antisémitisme et la xénophobie, le mandat de rapporteur national sur la lutte contre la traite et l'exploitation des êtres humains, et le mandat d'évaluateur national des populations publiques en matière d'entreprises et de droits de l'homme.*

Depuis 2007, la Commission est composée de 64 membres, représentants des principales organisations non gouvernementales œuvrant dans le domaine des droits de l'homme et du droit international humanitaire, mais également des membres des principales confédérations syndicales, représentants des religions et des personnes choisies en raison de leur compétence reconnue dans ce domaine ou siégeant en qualité d'experts indépendants dans les instances internationales des droits de l'homme. »

Les membres de la CNCDH sont nommés par décret du Premier ministre, après l'avis d'un Comité composé du Vice-président du Conseil d'État, du Premier président de la Cour de cassation et du Premier président de la Cour des comptes, qui est rendu public.

Depuis sa création, la CNCDH est influencée par le biais philosophique d'universalité de son fondateur et dont elle ne s'est jamais départie au cours des années. Cet organisme instrumentalise les Droits de l'Homme au profit des sociétés occidentales, sans tenir compte de la nature des autres sociétés dans le monde. Il part du principe que ces sociétés se structureront toutes selon le même développement que celui qui a pu naitre dans le christianisme. Or, comme il l'a été précédemment dit, la version des Droits de l'Homme de René Cassin est incompatible dans son essence avec l'islam ou l'hindouisme.

Parallèlement à son activité de fondateur de la CNCDH, René Cassin, dès le 16 juin 1947, met à l'étude un projet en 45 articles d'une Déclaration universelle des droits de l'homme. Il fera adopter, le 10 décembre 1948, sa version définitive de la déclaration universelle des Droits de l'Homme par l'Assemblée générale des Nations unies, réunie au Palais de Chaillot à Paris.

C'est donc sur cette dernière lecture des Droits de l'homme que la CNCDH s'appuie et non sur celle des Droits de l'Homme de 1789 constituant le préambule de notre Constitution.

Ayant un rôle de « gardien » des Droits de l'Homme au sein de nos institutions, la CNCDH influence très significativement les positions du Conseil Constitutionnel qui se réclame désormais de cette lecture biaisée des Droits de l'Homme, qui n'est pas la même que celle qui figure dans le préambule de notre Constitution.

Elle devient de facto, par son inspiration, une institution supérieure au Conseil Constitutionnel, ce qui est une aberration constitutionnelle dans notre Vème République.

Au-delà de cette inadéquation de fond, la CNCDH :

- Ne reconnaît pas ni ne condamne le caractère criminel de l'action d'associations pseudo-humanitaires ou de la mondialisation dans le trafic de migrants, et cela, pour une raison simple, elles sont elles-mêmes représentées dans le CNCDH.

- Ne voit pas le caractère discriminatoire de certaines religions (islam) ou de certains peuples dans le racisme, l'antisémitisme et la xénophobie. Son regard est biaisé selon le prisme politique du moment, en fonction des ethnies et peuples en conflit, et des positions antisémites ou xénophobes existantes dans la classification de certaines sociétés qu'elle ne préfère pas dénoncer.

- Sort très souvent de ses prérogatives en portant un jugement sur l'action répressive ou préventive d'un gouvernement devant faire face à des activités subversives qui cherchent la destruction de la cohésion sociale au sein de la nation. Elle fait donc prévaloir les droits humains d'individus menant des actions déstabilisatrices, comme celles des trotskistes, des fréristes musulmans ou des terroristes.

Par sa représentativité nationale et surtout internationale, l'action d'un gouvernement sur ses mandats de Rapporteur national indépendant peut être complexe, car elle engage la France dans des accords avec des organismes internationaux (ONU, CEDH). Toutefois, comme pour le Conseil constitutionnel, le changement des hommes à sa tête doit être envisagé. Il s'agit de sortir la CNCDH de la lecture d'universalité qu'avait voulue son fondateur et l'inscrire dans une approche humaniste en phase avec la tradition chrétienne française comme l'est la déclaration des Droits de l'Homme dans notre Constitution. Il s'agira donc de changer l'ensemble de ses représentants et très souvent les organismes représentés en son sein (Confédération Générale du Travail, France terre d'asile, L'inter-associative lesbienne, gaie, bi et trans, Ligue internationale contre le racisme et l'antisémitisme, Médecins du monde, Mouvement contre le racisme et pour l'amitié entre les peuples, Observatoire international des prisons, Réseau action Climat, France terre d'asile, etc.).

C-3 Au niveau législatif

Beaucoup de mesures et de lois existent déjà et ne demandent qu'à être exécutées selon ce qui est promulgué et non selon l'arbitraire partisan, ou l'appréciation et le recours subjectif d'un juge. C'est donc sur les peines planchers que certaines lois doivent être amendées afin qu'elles aient une réelle portée répressive et de sanction.

Ainsi, à titre d'exemples, concernant l'immigration clandestine, il s'agirait :

- De poursuivre et de condamner effectivement à des peines de prisons et à des amendes dissuasives, toute association ou tout individu faisant bénévolement ou étant subventionnés pour des entrées de migrants clandestins sur le sol national et en Europe.

- De condamner, pour trafic d'êtres humains, et par de lourdes peines d'emprisonnement, toute entreprise ou individu exploitant illégalement des immigrés clandestins.

C'est dans les lois sur l'acquisition de la nationalité et de la citoyenneté que quelques ajouts ou suppressions d'articles devraient principalement être faits.

Il s'agirait entre autres de :

- Réinstaurer à 18 ans la manifestation de volonté de devenir français pour le jeune né en France de parents étrangers. Cette nationalité serait provisoire et subordonnée à la condition de citoyenneté à partir de 21 ans.

- Réinstaurer à 21 ans la manifestation de volonté de devenir citoyen français et d'acquérir de plein droit la nationalité française.

- Faire, à ces occasions, une prestation de serment lui faisant reconnaitre la suprématie du droit civil français sur toute organisation sociétale antérieure, l'importance de son libre-arbitre et de sa mesure dans la société française, ainsi que son amour pour la France. Cet aspect déclaratif lui faisant de facto rejeter les lois coraniques et védiques.

- Pourvoir une nationalité provisoire de dix ans sans recours possibles d'extension aux personnes n'ayant pas eu la qualité de citoyens.

- Augmenter la durée de mariage avec un conjoint français nécessaire pour la déclaration d'acquisition de la nationalité française.

- Renforcer le devoir d'assimilation des étrangers postulant pour la nationalité et à la citoyenneté française, en ayant une connaissance linguistique et culturelle : le niveau de maîtrise de la langue française des nouveaux français serait relevé, ainsi qu'avoir une connaissance suffisante de l'histoire, de la culture et de la société françaises.

- Demander que soient désignées des personnes en caution de moralité lors de la demande d'acquisition de la nationalité et de la citoyenneté. Il pourrait s'agir de professeurs, du maire.

- Exiger un casier judiciaire vierge. Cette mesure permettrait de faire comprendre la notion de civisme à tout jeune d'origine étrangère souhaitant rester sur le territoire national.

- Pouvoir déchoir de la nationalité et de la citoyenneté pour des raisons criminelles autres que les actes conditionnés aux activités terroristes, à une atteinte aux intérêts fondamentaux de la Nation, et à des actes au profit d'un État étranger, incompatibles avec le fait d'être Français. Il s'agirait, entre autres, de s'attaquer au trafic de drogue et de déchoir de la nationalité toutes personnes étrangères ou ayant une double nationalité, s'adonnant à ce trafic portant atteinte à la santé et à la sécurité public.

- Rétablir le crime d'indignité nationale pour les atteintes à l'administration publique si l'on est agent de l'État ou élu de la Nation, avec une saisie de tous leurs biens.

C-4 Au niveau des soutiens financiers et techniques à l'immigration clandestine.

Six principaux axes seraient à mettre en place pour lutter contre l'immigration clandestine :

- Faire un travail de réappropriation par l'État des fonctions d'évaluation et de soutien aux démarches à effectuer auprès de l'OFPRA. Il s'agirait de ne plus donner mandat aux associations aidant les migrants pour la préparation de leurs demandes d'asile. Ayant un biais partisan et ayant elle-même un intérêt dans le nombre de dossiers qu'elles traitent, l'État doit reprendre à son compte les enquêtes et faire sa propre évaluation de chaque candidat.

- Se doter d'un véritable service de renseignement en France et dans nos consulats pour établir la réalité des informations fournies par les postulants au regroupement familiale et au droit d'asile.

- Interdire toutes subventions nationales, régionales, municipales aux associations en soutien des clandestins. L'État devra avoir un pouvoir coercitif vis-à-vis des régions, communes ou communautés de communes finançant les associations de soutien à l'immigration.

- Définir un ensemble de pays « sûrs » selon les critères réels de risques en fonction du profil de chaque personne et non selon des principes généraux (Droits de l'Homme) qui n'intègrent pas la nature et les spécificités des sociétés humaines. C'est un principe de personnalisation des risques au cas par cas.

- Renforcer, quand cela est possible, la politique de partenariat avec les institutions policières des pays d'émigration afin d'essayer d'obtenir les casiers judiciaires des nouveaux arrivants. Les informations transmises par une dictature ou des institutions défaillantes ne seraient évidemment pas prises en compte de la même façon.

- Réguler de façon drastique les flux financiers vers les pays d'émigration. La mesure est complexe, car elle peut facilement être contournée au niveau européen et international, principalement par des applications internet qui peuvent échapper à une déclaration. Ce d'autant qu'une société de transfert comme Western Union conteste cette mesure, en considérant qu'il s'agit d'une atteinte à la liberté d'entreprendre, garantie par la déclaration des droits de l'Homme et du citoyen. Un détournement classique des principes des Droits de l'Homme.

Toutefois, il serait déjà possible d'interdire le versement d'aides sociales sur des comptes extra-européens. Cela semble une évidence, mais ce n'est pas le cas actuellement. En 2024, des mesures dans ce sens arriveront en France.
Une autre solution existerait bien, c'est l'ouverture de comptes bancaires spéciaux en accord avec le statut de l'immigré. C'est la déclaration initiale et l'enquête qui en découle qui donneraient droit à l'ouverture d'un compte bancaire aux fonctions limitées et plus facilement contrôlables.

C-5 Au niveau des moyens à mettre en œuvre

De toute évidence, l'État doit s'équiper d'infrastructures et de moyens permettant la gestion des flux de migrants sur son sol. L'ensemble des moyens et du personnel de gestion de l'immigration doit être mis sous la responsabilité d'un Secrétariat d'État intégrant le Service des Douanes.

Cette responsabilité de la gestion des migrants, actuellement sous la tutelle du Ministère de l'Intérieur ou des régions s'il s'agit de mineurs, doit être placé sous la direction du Ministère des Finances, intégrant à la fois la surveillance des flux entrants et sortants des frontières, les services financiers et d'enquêtes des activités liées à l'immigration et au trafic de clandestins. Le regroupement sous un angle financier de tout l'impact de l'immigration permettra de centraliser toutes les informations économiques liées à celle-ci et de pouvoir rendre des comptes à la société française.

Il s'agit de disposer :

- De centres de rétention administratifs (CRA) aux conditions d'accueil décent. Si ces derniers existent déjà, certains d'entre eux seront réadaptés ou réhabilités afin d'y assurer un meilleur accueil. Ils offriront des chambres individuelles et des chambres collectives non mixtes ou collectives pour les familles. Toutes les conditions de confort y seront garanties : sanitaires comprenant des lavabos, douches et w.-c par groupe de six personnes, lieux de restauration, une infirmerie, une salle de loisirs, des bureaux de travail pour l'instruction des dossiers administratifs, pour les avocats et pour l'assistance sociale, des connexions Internet. Ces centres de rétention seront protégés par des enceintes surveillées et gardées.

- De centres de rétention administratifs pour l'enfance (CRAPE) reprenant les mêmes principes de protection et d'accueil que les CRA mais dotés de centres scolaires et de formations.

- D'avions spécialement équipés pour le transfert des expulsés. Ces appareils disposeront d'espaces protégés pour les gardiens et le personnel navigant, comme ceux du « Justice Prisoner and Alien Transportation System » (JPATS) américain.

- De navires spécialement adaptés pour le convoyage d'expulsés avec des enceintes de confinement dédiées à leur transport.

- De véhicules spécialement adaptés aux transports routiers des expulsés garantissant, là encore, les meilleures conditions de sécurité matérielles et sanitaires.

Comme il a été précédemment dit, il conviendra de procéder à une réévaluation des conventions entre l'État et les associations en charge d'assurer la mission d'accompagnement juridique et social des personnes retenues (CIMADE, Terre d'Asile, France Terre d'Asile, Association Service Social Familial Migrants). Des fonctionnaires dédiés se substitueront aux fonctions qui leur étaient anciennement dévolues.

C-6 Au niveau des accords internationaux pour la création de Centres Délocalisés de Rétention Administrative (CDRA)

La mesure la plus déterminante de l'ensemble de ce programme consiste en la création de Centres Délocalisés de Rétention Administratif (CDRA) situés à l'étranger, tout particulièrement en Afrique en liaison avec des États partenaires.

Ces centres seront gérés par la France en accord avec les autorités de pays ayant accepté la construction et la gestion de telles infrastructures sur leurs territoires. Des accords prévoyant une indemnisation compensatoire seront mis en place afin de garantir : la sécurité des migrants, des conditions de vie décentes en accueil, des droits juridiques conformes à la législation française.

L'avantage principal de cette délocalisation de CDRA dans des pays extra-européens permettrait de résoudre le problème des reconduites aux frontières après le refus d'une demande d'asile et de l'ensemble des recours prévus. Il enverrait aussi un signal dissuasif à toute une immigration délictueuse et non justifiée peu encline à se retrouver de nouveau en Afrique.

Plusieurs pays européens ont déjà mis en place, dans une certaine mesure, ce genre de disposition dont le Danemark et l'Angleterre.

Ce type de mesure rencontrera bien évidement une forte opposition de la Cour européenne des Droits de l'Homme (CEDH) qui, sous le couvert d'un humanisme de façade, y verra une atteinte aux principes de libre circulation d'une Force-Travail souhaitée par les idéologies mondialiste et/ou trotskiste.

Pour défendre son point de vue, il fait peu de doute que la CEDH invoquera la notion d'État sûr au sujet des pays ayant accepté l'installation de CDRA. L'argument que la France soit en gestion des établissements ne lui importera peu. Ce sera donc bien son intérêt dans l'immigration économique qui dictera son opposition et non les droits humains des migrants en tant que tels.

C-7 Des moyens de communication

Faisant suite à l'ensemble de ces mesures, l'État français doit communiquer en direction des pays d'émigration. Il s'agit d'informer les immigrés potentiels, dans tous ces pays, des changements advenus pour le traitement de l'immigration clandestine et des conditions d'asile qui sont accordées.

Plus particulièrement, il s'agit de mettre en avant le caractère démocratique de la société française, le respect de la Déclaration des Droits de l'Homme de 1789 qui caractérise notre société, les principes d'Égalité, de Liberté et de Fraternité qui régissent les rapports entre les citoyens, ainsi que les modalités d'assimilation qui résultent de l'acceptation de ces principes.

La création de Centres Délocalisés de Rétention Administrative (CDRA) extérieurs à la France devra être expliquée afin que les migrants qui s'exposent à être déboutés comprennent désormais que la reconduite aux frontières sera systématiquement exécutée en dehors des frontières européennes, et qu'une démarche non justifiée de demande d'asile est par conséquent inutile.

L'État français devra expliquer clairement que les conceptions touchant à l'universalité des Droits de l'Homme et à leur interprétation par les organismes internationaux, ont été dévoyées au point d'induire des situations qui, très concrètement, bafouent quotidiennement les Droits de l'Homme formulés en 1789.

D - DE LA REFORMULATION DU « RÊVE FRANÇAIS »

À travers le monde et en France même, le rêve français s'est estompé en seulement quelques dizaines d'années. Principalement parce que certains fondamentaux et la façon de les exprimer se sont effacés face à d'autres revendications plus enthousiasmantes et porteuses d'un mieux-vivre. Il s'agit d'une concurrence qui peut être philosophique, économique et/ou religieuse.

Dans ses fondamentaux :

- À la fin du XVIIIème siècle, la Révolution française a marqué une rupture sociétale basée sur des principes philosophiques en germe sous l'Ancien Régime. Elle a introduit une notion individuelle de destin à construire soi-même, basée non plus sur le sang, mais sur une capacité de reconnaissance dans la société, liée au mérite personnel de l'individu, à sa réflexion et à sa capacité de créativité ou de travail. Cette aspiration à une liberté individuelle s'est propagée à travers le monde et s'est diffusée dans beaucoup de sociétés. C'est la première pierre du rêve français, celle qui consiste à pouvoir renverser un ordre ancien en lui substituant la Liberté.

- À ce principe de Liberté a été attaché celui de l'Égalité entre les hommes. Son origine est fondamentalement chrétienne, posant à la naissance l'égalité de tous devant Dieu. Il n'y a plus de classification selon les castes, la race, les ethnies, les croyances, l'âge, le sexe. Toutes les personnes sont égales en droit. C'est la deuxième pierre fondatrice du rêve français.

- Issue de la pensée des Lumières et du début de l'industrialisation, est née une réflexion philosophique sur l'amélioration des conditions de vie de l'Homme apportée par les machines. Ce sont les sciences qui devinrent le vecteur d'un rêve de progrès tendant vers une meilleure qualité de vie. La France, aux XIXème et XXème siècles, a été, en Occident, pionnière de ce grand élan industriel et scientifique qui a forgé ce rêve dans lequel tout était possible. Travaillée autour du saint-simonisme et du positivisme, c'est la troisième pierre du rêve français.

Ces trois piliers du rêve français ont été mis à mal par :

- Une pensée germanique révolutionnaire. À partir des années 1840, l'association des philosophes allemands Karl Marx et Friedrich Engels a développé les bases d'une réflexion sur l'économie et les sociétés. De là ont émergé le socialisme et le communisme. Ces modèles idéologiques ont irradié la fin du XIXème et le début du XXème siècles à travers toute l'Europe et effacé progressivement les idées saint-simoniennes et positivistes françaises.

- Une pensée anglo-saxonne calviniste où la liberté et la reconnaissance de chacun sont basées sur l'enrichissement individuel. Cette forme de liberté introduit une notion de compétitivité entre les hommes. Elle crée certes une émulation, qui est une source de dynamisme, mais introduit parallèlement une distorsion dans les rapports humains. Celui qui devient riche se trouve plus libre, car il peut acheter davantage. C'est une manifestation anglo-saxonne de la liberté individuelle, car la lecture

calviniste de la religion reconnaît que la Force-Travail et la richesse qui en découle sont accordées par Dieu.
Ainsi, les pays où il y aura le plus d'opportunités de gagner une richesse individuelle seront alors considérés comme étant plus attractifs. Les Anglo-Saxons, notamment les USA, ont ainsi supplanté le rêve français initial de Liberté en lui associant une notion d'opportunité de richesse.

Autant le rêve de Liberté français porte en lui un sens de la mesure, autant celui des Anglo-Saxons est dans la démesure. Cette dernière conception, dans l'absolu, répond au principe de Liberté, car il n'y a pas de limites à la Liberté. Toutefois, ce même principe peut induire des inégalités restrictives de liberté pour certains individus. La situation de monopole étant l'exemple même d'une démesure, que les USA ont parfaitement identifiée et qu'ils combattent avec des outils juridiques adaptés quand il s'agit d'une prédominance sur leur propre sol (loi Sherman dite « antitrust »). Il n'en sera pas de même quand elle s'exprime à l'extérieur.

- Une pensée identitaire où la notion d'égalité entre les hommes est controversée, car autant elle a pu s'exprimer facilement dans les sociétés occidentales chrétiennes, autant de par la mondialisation et les flux de population, cette égalité n'a pas le même sens, ou n'existe pas du tout, pour d'autres sociétés d'Orient, du Proche-Orient ou d'Afrique.

Quand ces sociétés étaient sous la domination coloniale, le problème n'existait pas. Il y avait pour les Anglo-Saxons l'« Indirect Rule » qui créait une séparation de statut, et le principe d'égalité n'existait tout simplement pas. A contrario, dans le système français, l'égalité était inscrite dès son origine, mais il était admis qu'elle s'instaurerait avec le temps dans les sociétés colonisées.

Seulement, les indépendances étant intervenues trop rapidement dans ces dernières, la notion d'égalité a été donnée à tous à la fois, sans l'apprentissage souhaité du côté français. Parallèlement, l'univers colonial anglo-saxon a laissé intactes toutes les coutumes raciales et spirituelles qui n'offraient aucunement l'égalité entre les hommes. Ce message d'égalité n'est donc pas du tout intégré ou ne représente plus du tout un message pertinent pour les sociétés qui sont revenues à leurs anciennes coutumes.

Le paradoxe réside dans le fait que toutes les institutions internationales fondées par les Occidentaux sont basées sur ce principe d'égalité entre les hommes alors que ceux qui y sont désormais représentés, avec la même voix d'égalité, ne l'admettent pas forcément chez eux.

- Un déclassement industriel. La France a été caractérisée pendant longtemps par une capacité créative et industrielle hors du commun. Pourtant, son affaiblissement au cours des dernières décennies, tant aux niveaux universitaires que productif, est devenu une réalité tangible. La dynamique, portée par le saint-simonisme et le positivisme, a pratiquement disparu de la société française. Elle ne rencontre plus qu'un écho porté par les « start-up », enrichissant certes leurs actionnariats, mais sans la dimension du rêve national politique qu'elle pourrait porter au-delà des frontières.

Le rêve industriel est désormais représenté par les USA et la Chine, où les sciences, la créativité, l'innovation sont les vecteurs d'un épanouissement bien supérieur à celui de la France.

La compétition avec ces sociétés plus entreprenantes, favorisant leurs recherches pour se placer en haut des technologies, s'est faite sous l'incidence :

- Des guerres ou des tensions internationales qui ont drainé les savoirs et les ressources productives d'une nation vers un absolu d'exigence et de compétence (l'Allemagne, le Japon, les USA, la Russie, la Chine, Israël).

- Des environnements libéraux ou étatiques qui ont facilité un dynamisme par diverses incitations (peu de taxes, plan directeur, incitation à la captation des ressources humaines scientifiques, détournement des brevets, espionnage, etc.).

- D'une mondialisation des savoirs où les transferts de technologie se sont faits au bénéfice des nouveaux entrants.

- D'une qualité de l'enseignement et dans un contexte de démographie permettant de sélectionner les meilleurs élèves (USA, Chine).

- D'une pensée pionnière favorisant la recherche innovante (USA).

De ce constat découle la question suivante : Sur quelle base doit-on reconstruire le rêve français ?

- Sur nos anciens principes mis à mal par notre propre abandon progressif de ces valeurs et une compétition étrangère ?

- Sur de nouvelles bases qu'il resterait à définir ?

Il pourrait s'agir des deux, car dans ses fondamentaux, nos anciens principes restent bons et la France pourrait s'appuyer sur une légitimité et une antériorité indiscutables reconnues par tous.

D-1 De la notion de Liberté et d'Égalité

Les deux principes de Liberté et d'Égalité apparaissent dans l'énoncé des Droits de l'Homme de 1789 et occupent, de ce fait, une place centrale dans la définition de l'identité de la nation française.

Mais ces principes, de nos jours, sont-ils applicables à d'autres sociétés dans le monde ayant eu une évolution différente de la nôtre ? Doit-on renoncer à l'application de ces principes dans des pays connaissant des classifications spécifiques entre les hommes ?

Si l'on admet que toutes les sociétés sont respectables dans leurs traditions, il n'y a dès lors plus lieu d'affirmer l'universalité du concept de Liberté et d'Égalité dans le monde actuel. Il peut certes y avoir, à très long terme, un espoir que ces deux notions deviennent une réalité pour les autres nations. Mais dans l'état actuel des choses, il n'est pas possible de l'envisager à moins de l'imposer par la force et dans une logique colonialiste.

Affirmer l'universalité des principes de Liberté et d'Égalité entre les hommes, revient à faire abstraction des différences entre les civilisations. Cela conduit à nier la diversité des cultures et des sociétés humaines.

Nous touchons ici à un point crucial. En effet, les sociétés extra-européennes, émancipées du modèle colonial qu'a porté en son temps l'Occident, sont parfaitement conscientes de leur propre identité. Elles n'ont pas nécessairement envie de se refonder sur tous les principes qui sont les nôtres. Elles peuvent feindre d'y adhérer, par exemple en adoptant la démocratie ou en signant une charte sur les Droits de l'Homme. Mais dans leurs fondamentaux, elles restent inchangées. Elles maintiennent leurs systèmes de religions, de castes, d'ethnies dominantes, de classes sociologiques privilégiés, et ne signent finalement que des bouts de papier, sans remettre en cause leur exercice du pouvoir et les fondamentaux de leurs structures propres.

L'avantage de ces sociétés est qu'elles connaissent parfaitement le système logique, les buts et la politique que l'Occident souhaite promouvoir. À l'inverse, celui-ci ne fait aucun effort pour comprendre et admettre l'histoire antérieure des autres sociétés. Il considère leur approche comme tribale, arriérée et nécessitant une « évolution ». C'est en cela que le modèle de dialogue est biaisé et repose sur celui d'une époque qui a vécu. Ces sociétés, émancipées d'une tutelle coloniale, sont indépendantes et ont leur propre dynamique d'avenir.

Nous avons porté l'espoir d'une universalité, mais celle-ci s'exprimait dans un monde colonial où l'Occident se projetait de façon dominatrice sur toutes les sociétés humaines. Cette époque est révolue. Les sociétés se sont émancipées. En parallèle, elles ont beaucoup appris à notre contact. Elles ont développé, par exemple, en nous suivant, des représentativités politiques (la démocratie) venant de notre propre univers, mais elles ont aussi redécouvert leur identité et les référentiels de leur propre culture, qui avaient été mis temporairement sous le boisseau durant notre gouvernance.

Il ne faut donc pas se tromper : ces sociétés ont évolué en se rapprochant de la nôtre tout en se raidissant sur le fond de leur nature. Si nous ne reconnaissons pas leur singularité, nous rentrerons obligatoirement dans de nouveaux conflits et dans une nouvelle logique coloniale, qui n'était pas un mal en soi dans son objet français, mais qui appartient au passé.

Si nous parlons désormais à égalité dans le concert des nations, c'est notre propre pensée qu'il faut donc faire évoluer pour tenir compte à la fois du droit de ces autres sociétés et surtout de leurs différences.

Dans cette notion de Liberté et d'Égalité au sein de celles-ci, il faut donc admettre qu'elle est relative et que, sur le fond, dans beaucoup de cas, elle n'est pas du tout comprise et admise. Plus des efforts seront entrepris pour imposer cette lecture, plus les autres sociétés se défendront en exaltant leur propre développement historique.

La solution réside dans un changement de compréhension du terme « universel » qui, initialement, était circonscrit à l'univers occidental, et ne concernait pas les autres sociétés. C'est au cours du XXème siècle que cette conception a évolué, principalement portée par des humanistes au grand cœur comme René Cassin, sans tenir compte des autres civilisations autres que coloniales, ou par les adeptes du marxisme qui n'ont compris le mot « Homme » de la Déclaration des Droits de l'Homme de 1789, qu'en le sortant de son contexte historique. Or si ce concept est universel dans nos sociétés chrétiennes, il ne l'est pas, comme on l'a vu précédemment, dans l'espace hindouiste, musulman ou bouddhiste. Il convient donc de revenir aux principes mêmes de la Déclaration des Droits de l'Homme de 1789, qui n'était fait que pour les citoyens au sein d'une nation d'abord française puis, par extension, occidentale dans son opposition aux monarchies qui l'entouraient. Il ne s'agissait pas, par exemple, de l'imposer en son temps, ni au monde ottoman, ni à la Chine.

L'avantage de reprendre le sens du terme « universel » à notre seul profit, ne peut que renchérir notre pouvoir d'attrait en comparaison avec les autres sociétés. C'est ce que la Révolution française a fait. D'autres personnes se sont inspirées de ce modèle et ont repris le concept pour le porter notamment en Amérique du Sud (Miranda, Simon Bolivar, San Martin).

Il faut sacraliser la terre de France sur des principes qui se diffuseront. Si notre politique intérieure et extérieure n'est pas cohérente politiquement et philosophiquement, il ne pourra en résulter que des troubles intérieurs que personne ne nous enviera. Certes ces principes seront porteurs en eux-mêmes d'un message révolutionnaire, car ils remettront en cause le système de castes d'un modèle hindouiste ou musulman, mais ce seront les peuples eux-mêmes qui les porteront et non la France par un bras armé colonial ou par un discours biaisé que les autres nations percevraient immanquablement comme néocolonialiste.

Ainsi, à titre d'exemple, ce n'est pas une liberté et des droits partiaux ou spécifiques, comme pour les Afro-Américains comme aux USA, qu'il faut faire valoir en France, car cela nécessite des accommodements de « discriminations positives » (« *affirmative action* »), lesquels ne sont, en définitive, que l'expression d'un racisme latent. C'est l'assimilation égalitaire, revendiquée pour tous, bâtie autour de l'Égalité et du Libre Arbitre selon les principes mêmes de notre Constitution. Que des organisations trotskistes ou racialistes veuillent créer des clivages distinctifs au sein de la société française, relève d'une attaque directe contre les principes d'égalité de la nation française. Ils sont bien évidemment à combattre résolument.

Ce rêve de Liberté, d'Égalité et de Fraternité, inscrit sur notre drapeau, doit donc être affirmé de façon claire et sans ambiguïté. Il faut que les hommes et les femmes qui constituent la Nation française soient réellement fidèles à ces trois principes. S'ils portent en eux un racialisme ou une classification de rang par le sang, ils ne doivent plus être considérés comme Français. C'est à ce prix qu'être Français sera parfaitement compris et admis par tous. Certains nous haïrons pour cette liberté individuelle, certains se méfieront de l'exemple que nous donnons à leurs propres populations, mais a contrario, certains nous rejoindront.

D-2 Sur la notion du Saint Simonisme et du Positivisme

Ce n'est pas dans la dimension quasi-religieuse de ces deux idéaux qu'un axe de renouveau politique doit se construire, mais sur la finalité évolutionniste, établie par les sciences, d'atteindre une amélioration de la qualité de vie des Hommes.

Les axes sur lesquels reposent cet espoir et cette attractivité sont simples. Nous en avons été les représentants et ils existent déjà en exemple dans d'autres nations.

Les USA et des pays ayant une recherche scientifique plus dirigiste (Chine, Russie) ont mis principalement l'accent sur deux axes politiques :

- Une planification des besoins (Russie, Chine, USA).
- Un libéralisme permettant de lever des fonds facilement afin d'obtenir un gain substantiel du développement scientifique (USA).

Ces deux approches sont complémentaires, mais ne relèvent pas de la même démarche :

- Dans la planification des besoins, la notion d'une recherche scientifique et industrielle est conduite par l'État afin de combler les besoins de la communauté nationale. Par extension, elle pourra se généraliser aux autres sociétés. Dans ses fondamentaux, elle est d'abord nationale puis peut devenir internationale.
- Dans sa forme libérale, obéissant à l'offre et la demande, la démarche scientifique et industrielle comble la demande du marché. Dans son essence, elle est commerçante et s'inscrit dès son origine dans une projection internationale.

À la fin du XIXème et au début du XXème siècles, la France a eu une approche libérale ne limitant pas les initiatives individuelles dans les domaines de la recherche et de l'industrie. À partir du milieu du XXème siècle, la France s'est orientée, sous la pression des syndicats marxistes, vers une approche plus planifiée dictée par l'État (nationalisations d'entreprises). Quasiment tous les fleurons industriels qu'il reste en France tirent leur origine du XIXème siècle (Alstom, Renault, Peugeot, Michelin, Schneider, Lyonnaise des Eaux/Suez, Legrand) et du tout début du XXème siècle (Air Liquide, Air France, Bloch/Dassault, Gnome & Rhône/Safran, Thomson-CSF/Thales, l'Oréal) ou d'une époque bien antérieure (Saint-Gobain, Naval Group).

Au XXème siècle, de belles aventures industrielles sont aussi nées en France d'une planification souhaitée par une politique d'État (CEA, Airbus).

L'aventure scientifique et industrielle entre désormais dans une quatrième phase avec des technologies en rupture comme l'IA, la robotisation, la bio-ingénierie. La France a comme les autres nations la possibilité de se projeter dans ces technologies. Elle doit s'appuyer sur les fondamentaux de sa société : des hommes d'excellence dans le domaine de la recherche. Toutefois, c'est dans quatre secteurs qu'elle rencontre des freins significatifs :

- Sa dimension marchande est loin d'être optimale et la structuration de ses représentations commerciales à l'étranger sont beaucoup trop bureaucratiques (missions économiques) et peu représentées par un patronat métropolitain (ce dernier l'est seulement par les entreprises françaises implantées localement). Les Anglo-Saxons et les Allemands ont des représentants par corporations dans leurs missions à l'étranger. À la différence des Anglo-Saxons, les Français n'ont pas la même empathie pour les activités marchandes et ils ne les valorisent pas suffisamment. La France conserve une approche très colbertiste et étatiste dans sa vision du commerce.

- Les lourdeurs de l'administration française pénalisent son développement. Pour exemple, la durée d'instruction actuelle, en 2022, pour obtenir les autorisations d'implanter une usine, est en moyenne de 17 mois en France, ce qui est symptomatique, alors qu'il ne faut qu'entre 4 et 12 mois en Allemagne pour l'ouverture d'une nouvelle usine.

- La fiscalité française pénalise à la fois les revenus des actionnaires et la transmission d'un patrimoine industriel. En comparaison, il est préférable de s'installer en Allemagne ou aux États-Unis.

- L'univers syndical français est politisé, et a été formalisé à partir des préconisations du CNR de 1946, qui a repris la lecture marxiste du droit du travail selon les principes d'opposition ouvriers-patrons. Les mondes anglo-saxons et germaniques ont conservé pour leur part la structuration autour de syndicats corporatistes hérités des anciens régimes, tandis que, de son côté, la Révolution française les a interdits. Cet aspect des choses est particulièrement complexe, car au-delà de la polarité politique, il repose sur tous les points de gestion paritaire qui en découlent (vieillesse, chômage, santé).

Prétendre recréer l'image d'une France porteuse d'un rêve industriel et créatrice de richesse pour les hommes, revient finalement à redéfinir sa politique industrielle.

Le politique peut assez facilement agir sur certains points :

- en réduisant le délai des procédures d'autorisation pour ouvrir une usine.
- en réduisant les prélèvements sur les bénéfices et la transmission d'un patrimoine industriel.
- en modifiant/adaptant des points du droit du travail (nature des contrats, durée, chômage).

En revanche, les corporations n'existant plus en France, et le politique ayant hérité d'une structuration du monde du travail autour des principes marxistes qui considèrent cet environnement comme des droits acquis, il aura plus de mal à influer dans les domaines suivants :

- la refonte d'un monde scolaire, universitaire et professionnel, qui est décorrélé du patronat et des entreprises alors que les syndicats d'une sensibilité marxistes y sont représentés.
- la restructuration des prélèvements sociaux dans les entreprises et la représentativité de ceux qui gèrent ces fonds provenant de la Force Travail industrielle (gestion paritaire, sécurité sociale).

L'autre point est la nature du message à porter. Cette politique industrielle doit être connue dans le monde. Son modèle doit être attractif et doit valoriser l'image de la France. Cet effort de communication est essentiel. Parce que nous voulons apporter un mieux aux hommes par la science et la technologie, nous aurons des produits à montrer en exemple. Cela revient in fine à faire la promotion de notre production industrielle, ce qui s'apparente largement à une activité commerciale. Dans le luxe, nous le faisons déjà avec succès, il doit en être de même pour tout produit industriel.

Il ne faut pas non plus hésiter à envisager de grands projets qui pourraient devenir des symboles visibles, comme le fut la Tour Eiffel en son temps. Ce sont des marqueurs d'une détermination et d'une puissance de rêve, comme l'ont parfaitement compris les Américains, les Chinois et les monarchies du Moyen-Orient avec leurs gratte-ciel gigantesques.

Si nous conservons l'espoir d'une évolution optimisée par les sciences, la France doit mettre en œuvre dans les années à venir une planification de l'État dans le cadre d'un dynamisme libéral, et revenir à terme à une politique s'inspirant davantage de la Doctrine Sociale de l'Église que du marxisme ou du capitalisme anglo-saxon.

E - DES OPPOSITIONS AU « RÊVE FRANÇAIS »

E-1 Des oppositions internes

Elles se manifestent sous quatre formes, sur les plans :

- philosophique
- religieux
- politique
- administratif

E-1-1 Sur le plan philosophique

E-1-1-1 L'universalité

Limiter la notion d'universalité et se l'approprier uniquement pour les sociétés occidentales, rencontre une forte opposition chez les défenseurs actuels des Droits de l'Homme. Ces derniers prônent le principe d'une universalité absolue. C'est principalement par le sens à donner au terme « Homme », devenu « tous les êtres humains » dans la Déclaration universelle des Droits de l'Homme de 1948, que réside cette rigidité de position.

Ce n'est pourtant pas l'universalité qui est le principe philosophique de la déclaration, mais la Liberté et l'Égalité entre les hommes.

Depuis sa publication en 1789, la Déclaration des Droits de l'Homme a fait l'objet de plusieurs critiques sur la nature à donner au terme « Homme ». D'Olympe de Gouges à Proudhon, le débat porta sur la question de savoir si la notion d'« Homme » englobait les femmes, et s'il s'agissait de la nature physique de l'homme ou de la fortune de chacun, lesquelles n'étaient pas égales face à la Nature ou en droit.

Par ailleurs, l'esclavage perdurant toujours dans les Antilles et tout particulièrement dans la colonie de Saint-Domingue, il n'y avait pas non plus de caractère universel aux Droits de l'Homme à leur origine, même si la Première République (Convention nationale) à Paris le 16 pluviôse an II (4 février 1794) finit par interdire l'esclavage, soit presque quatre an et demi après le début de la Révolution en 1789.

Depuis ses origines, la Déclaration des Droits de l'homme a évolué. Ainsi la Déclaration des droits et des devoirs de l'homme et du citoyen du 22 août 1795, ou Déclaration de l'an III, se distingue à de nombreux égards de la Déclaration des droits de l'Homme et du citoyen de 1789, notamment s'agissant des droits politiques et sociaux. La deuxième déclaration, celle de

1795, supprime ainsi la mention proclamant tous les hommes « égaux par nature et devant la loi » (article 3 de 1793). Les Constituants de l'époque incorporent aussi pour la première fois des devoirs de bonne conduite dans la Déclaration des droits. Dans le chapitre Premier de cette Constitution - De la Souveraineté nationale -, l'article premier énonce que « *La souveraineté réside dans l'universalité des citoyens français. - Elle est inaliénable et imprescriptible. - Aucun individu, aucune fraction du peuple ne peut s'en attribuer l'exercice.* » La compréhension de l'universalité ne concernait que les citoyens français et non toute l'humanité comme elle est reprise actuellement dans la dernière version de la Déclaration universelle des Droits de l'Homme (DUDH), élaborée par René Cassin.

Cette dernière version a été adoptée par l'Assemblée générale des Nations Unies, le 10 décembre 1948. Sur les cinquante-huit États membres de l'ONU à l'époque, quarante-huit ont adopté cette charte universelle. Aucun État ne s'est prononcé contre, mais huit se sont abstenus et deux n'ont pas pris part au vote. Ainsi l'Afrique du Sud et l'Arabie Saoudite se sont abstenues l'un pour des raisons liées à l'Apartheid, l'autre par rapport à l'islam et la différence qu'il fait entre homme et femme. La Pologne, la Tchécoslovaquie, la Yougoslavie, l'Union soviétique, l'Ukraine et la Biélorussie se sont quant à elles aussi abstenues en raison d'un différend concernant la définition du principe fondamental d'universalité tel qu'il est énoncé dans l'alinéa 1 de l'article 2.

En précisant que « Tous les êtres humains naissent libres et égaux en dignité et en droits. Ils sont doués de raison et de conscience et doivent agir les uns envers les autres dans un esprit de fraternité », cette attribution de l'universalité est donc très tardive et n'a qu'environ soixante-dix ans d'existence. René Cassin, le père de cette formulation reprise par les institutions internationales, avait été secrétaire permanent du Conseil de défense de l'Empire en 1940. Cet organisme de la France Libre en exil tenait alors l'essentiel de son assise territoriale dans les colonies (Afrique Équatoriale Française, Nouvelle-Calédonie, Établissement français d'Océanie, de l'Inde) et, à cette époque, il n'était aucunement question d'indépendance pour les colonies ni d'identité spécifique, au plan politique, des sociétés colonisées.

Faisant totalement abstraction de la place de l'homme ou de la femme dans l'hindouisme ou dans l'islam, ces Droits de l'Homme sont ethnocentrés sur des valeurs chrétiennes et occidentales. La question est donc de savoir comment, après les indépendances des années 1960, les Droits de l'Homme, dans leur version universaliste, peuvent être interprétés en Inde ou dans les pays musulmans ?

Afin de défendre leur identité, ces pays s'opposent à la notion d'« universalité » et se livrent contre elle à de très vives offensives. Ainsi l'Organisation de la Coopération Islamique (OCI) affirme de plus en plus ses positions au sein des instances onusiennes, pour tenter d'imposer une sanction contre ce qu'elle qualifie de « diffamation » contre l'islam. Avec la volonté évidente de sacraliser les religions en général et l'islam en particulier, alors que ce dernier heurte dans ses fondements nombre de valeurs universelles portées par les Droits de l'Homme.

L'Occident sécularisé affirme la liberté de culte. A contrario, en dehors des religions du Livre qu'elle tolère, la religion islamique s'oppose à cette même liberté de culte. Ceci est symptomatique de la fracture qui sépare le monde islamique de l'Occident contemporain. Alors que l'Occident, dans la création des institutions internationales, a longtemps fait abstraction des identités des sociétés colonisées et des populations immigrées, il est aujourd'hui saisi par une crainte existentielle profonde : celle de perdre sa propre identité par la remise en cause des valeurs universelles qui l'ont façonné.

La mutation du paysage international et la montée en puissance du multiculturalisme décuplent cette inquiétude. L'Occident n'est plus le chef de file incontesté, et sa suprématie se trouve ébranlée par de nouvelles puissances. Celles-ci entendent bien faire valoir leur identité propre et supplanter la prétention des Occidentaux à l'universalité, qu'elles identifient comme une forme d'arrogance. Il en va de l'Islam comme des sociétés asiatiques qui, avec le bouddhisme ou le confucianisme, proposent une autre forme d'harmonie entre les hommes.

Ce n'est donc pas tant pour la notion d'universalité que se battent les défenseurs des Droits de l'Homme, mais plutôt pour les principes de multilatéralisme qui régissent l'ensemble des institutions internationales depuis la fin de la Seconde Guerre mondiale. Cette défense des Institutions rigidifie leurs positions, car l'arrivée de nouveaux entrants avec d'autres valeurs identitaires à faire valoir, ou les réactions protectionnistes comme celles des USA, de la Chine, et même de certains pays européens, sont pour eux une atteinte à leur prédominance dans un champ politique international et diplomatique désormais en compétition.

Reconnaître que les autres nations ont des droits et que ces droits ne sont pas les mêmes que les nôtres peut sembler simple, mais il est difficile de l'admettre pour certains, justement à cause de cette prétention à l'universalité.

Dans l'émulation actuelle due aux concurrences entre sociétés, nations et religions, il ne s'agit pas de dire « nous sommes vos frères, nous sommes égaux en tout ». En effet, les autres sociétés ne le ressentent absolument pas, ni de dire « nous exigeons que vous fassiez comme nous », car nous ne sommes plus à l'époque coloniale. Il s'agit désormais de réaffirmer de façon claire nos propres valeurs et de faire l'effort de comprendre l'altérité, afin de trouver avec autrui des terrains de convergence philosophique. Sans l'écoute de l'autre, sans limitation de notre prétention, il ne peut y avoir qu'une remise en cause des Institutions Internationales telles que nous les connaissons actuellement.

C-1-1-2 Le Platonisme vs Aristotélisme

Par la voix de Socrate, Platon affirme, dans son ouvrage *La République*, que l'évolution idéale d'une société ne peut s'atteindre que s'il y a harmonie entre la puissance politique et la philosophie. Soit par l'arrivée de philosophes au pouvoir, soit par le développement de l'amour de la philosophie chez les gouvernants. La connaissance et la sagesse dont dispose le philosophe, et grâce à laquelle il peut légitimement prétendre à gouverner la Cité, à devenir le gardien de l'État, est une conception du « Bien » qui doit rayonner dans une société idéale.

Toutefois, cette utopie introduit une notion subjective. Platon distingue d'une part l'oligarchie des philosophes éclairés par une « grâce » qui dispenserait le « Bien », et d'autre part le peuple qui est dépourvu de sagesse ou les esclaves qui n'auraient pas d'avis à formuler. Exclure une partie de ses contemporains ne fait donc pas réellement de cette utopie un « Bien » pour tous. Le « Bien » en politique est un bien relatif, car le propre de toutes les idéologies, construites sur une raison, est toujours de se prévaloir d'un « Bien » à atteindre. Ce « Bien » est généralement réduit à une catégorie très spécifique de personnes. Ce d'autant que lorsqu'il se prévaut d'universalité, il enferme toutes les autres sociétés politiques qui n'y adhèrent pas dans une notion de « Mal ». Que ce soit le communisme basé sur une égalité de Force-Travail pour tous ou le national-socialisme en défense de la race germanique, ou les Droits de l'Homme de 1948 donnant une liberté et une égalité à chacun : toutes ces idéologies ont une prétention platonicienne.

Dans leurs principes respectifs, ces philosophies prétendent apporter une amélioration au sort d'un groupe particulier d'hommes, mais ostracisent les différences. Ainsi, le communisme se veut au service des ouvriers, mais quid des bourgeois ? Le national-socialisme prétend défendre les peuples germains, mais quid des slaves et des juifs ? Les Droits de l'Homme entendent promouvoir l'égalité universelle entre les hommes, mais quid des musulmans et des hindouistes ?

Enfermer la politique des Droits de l'Homme dans la pensée platonicienne est une erreur. Il serait de loin préférable de l'admettre dans une lecture aristotélicienne.

En effet, à la différence de Platon qui méprise la démocratie, Aristote considère qu'une cité doit être une unité d'éléments différant spécifiquement. Pour lui, la vraie unité d'une société n'est pas l'identité ou la fusion, mais l'union d'une pluralité. Toutefois, prendre en compte les intérêts de tous et accepter le partage du pouvoir entre une élite et le peuple, entre des riches et des pauvres, ne peut s'envisager que si la société s'est dotée, au préalable, d'outils offrant une éducation à tous, apportant par là-même les vertus morales nécessaires à des citoyens libres.

Aristote ne se prononce pas sur la forme d'un régime idéal. Il considère que dans un continuum de temps les hommes trouveront les systèmes qui leur seront les plus justes et les plus agréables à vivre et qu'ils n'ont pas à être jugés sur des notions de « Bien » et de « Mal » qui seront toujours subjectives à l'aune du regard d'un historien ou d'un contemporain étranger à la Cité.

La France a connu des monarchies, une Révolution, des empires, des républiques. Tous ces systèmes font la France et nous ne sommes que les récipiendaires de cette longue histoire. Les Droits de l'Homme sont un héritage de la Révolution et des Républiques. Ils sont un concept philosophique qui a sa pertinence dans notre temps. Mais ce même concept n'est pas à sacraliser dans une notion de « Bien ». En effet, il exclurait toutes les autres formes de relations entre les hommes, lesquelles étaient singulièrement bien différentes et tout à fait acceptables en leur temps, ou sont totalement étrangères pour de nouveaux arrivants dans le présent.

Défendre au mieux les Droits de l'Homme, c'est s'inscrire dans une vision aristotélicienne. Défendre au pire les Droits de l'homme, c'est s'inscrire dans une vision platonicienne.

C-1-2 Sur le plan religieux

Si l'on admet la Déclaration des Droits de l'Homme de 1789 comme le concept à défendre, il faut admettre l'environnement religieux dans lequel il est apparu. C'est celui du catholicisme.

Cette Déclaration n'est pas née dans l'Islam, ni dans le Bouddhisme, ni dans l'Hindouisme.

Dès lors, sur le fond, est-elle compatible avec ces différentes religions ?

Les questions à se poser sont simples :

- Peut-il y avoir une émergence des Droits de l'Homme dans ces trois religions ?
- Quelle est la place des individus au sein des sociétés ayant accordé une place certaine à l'une ou l'autre de ces religions ?
- Existe-t-il des différences significatives de rang entre les hommes au sein de ces religions ?

C-1-2-1 Du Bouddhisme

Dans le cas du bouddhisme, c'est une démarche personnelle qui doit conduire à l'éveil. Le bouddhisme se singularise par une absence de Dieu, créateur et personnel, tel qu'on le trouve dans les monothéismes d'Occident et du Moyen-Orient.

Dans tous les pays où il a pris pied, le bouddhisme a pu coexister avec les autres religions et courants de pensée présents (brahmanisme/hindouisme dans le monde indien en Asie du sud-est, confucianisme et taoïsme en Chine, Shinto au Japon, Bön au Tibet, etc.), car il se focalise sur le développement spirituel.

Les bouddhistes peuvent vénérer les dieux de ces religions, dans le quotidien des affaires terrestres. En revanche, dès lors qu'il s'agit d'affaires concernant ce qui est transcendant, de leurs préoccupations au moment de la mort, ils se tournent exclusivement vers les enseignements de Bouddha.

Selon Williams, Tribe et Wynne, « *être bouddhiste n'implique pas un rejet complet des autres religions ou pratiques religieuses. Dès le début, le bouddhisme a coexisté avec d'autres religions, se structurant autour d'elles comme une sorte de "méta-religion" vouée à ce qu'elle considère comme l'objectif suprême de mettre enfin un terme à la "souffrance"* ».

Cette séparation du quotidien personnel avec le transcendant de l'au-delà peut faire admettre aux bouddhistes les principes des Droits de l'Homme qui s'exercent uniquement dans le temps présent. Il n'y a pas de contradiction de fond dans les principes.

C-1-2-2 De l'Hindouisme

Pour l'hindouisme, l'acceptation respectueuse des Védas est la base de la religion. Les Védas constituent un ensemble de textes qui, selon la tradition, ont été révélés et transmis oralement de brahmane à brahmane au sein du védisme, du brahmanisme, et de l'hindouisme, jusqu'à nos jours sur une période indéterminée. À ce titre, les Védas sont la plus haute autorité sur les sujets religieux et philosophiques de la société hindoue.

La religion védique est une religion sociale et non individuelle. Elle consacre quatre grandes divisions de la société aryenne à travers Purusha, l'être cosmique, à la fois immanent au monde manifesté et pourtant transcendant à celui-ci, constitué par la combinaison de quatre Varnas : les brahmanes (prêtres) constituant sa bouche, les Kshatriyas (guerriers) ses bras, les Vaishyas (paysans) ses cuisses et les Shudras (serfs) ses pieds.

Une société constituée de ces quatre Varnas et obéissant à leurs règles est en mesure de maintenir la prospérité et l'ordre. Pour elle, la ségrégation des personnes en fonction de leur Varna a pour but de responsabiliser les hommes aux devoirs de leurs castes, de préserver la pureté de celles-ci et d'établir un ordre éternel.

Dans ce système, chaque membre d'un Varna est voué à des tâches spécifiques. Si c'est la naissance qui confère un statut à l'individu, c'est sa conduite qui détermine son maintien ou non dans le Varna. Il est possible de sortir d'une caste, mais impossible d'en rejoindre une autre dans le temporel.

Ce système de castes dans l'Inde antique fut mis en œuvre et reconnu pendant et depuis la période védique qui prospéra vers 1500-1000 avant notre ère.

La famille constitue la cellule de base de la société. Le village est fréquemment décrit comme le regroupement d'une lignée plutôt que comme un espace territorial. Comme les hindouistes croient en la réincarnation qui détermine le Varna auquel ils appartiennent, leur but suprême dans la vie est de se libérer du cycle des réincarnations : cette délivrance s'appelle Mokhsa, ou dans son équivalence bouddhique le Nirvana.

L'ensemble de ces préceptes, liés à des cycles et à une prédestination de fonction dans la société due à une réincarnation et à une naissance, met l'hindouisme dans une situation d'incompatibilité vis-à-vis des Droits de l'Homme. Si dans les fonctions de chaque Varna peuvent s'exprimer des signes de respect pour l'autre, elles s'inscrivent toujours dans un ordre défini par leur Varna respectif et l'ordonnancement sociétal qui en découle. Ce n'est donc pas le libre arbitre individuel, à moins de se mettre hors caste, qui détermine la conduite des individus, mais les fonctions et droits de leur Varna lié à leur naissance.

Il peut certes y avoir des lectures philosophiques dans certains enseignements et poèmes portant sur l'unicité de l'Homme, soit en comparaison avec d'autres formes de vie sur Terre, soit compte tenu de la dette que tous les êtres humains ont les uns envers les autres. Mais ces conceptions s'inscrivent toutes encore une fois, sans remise en cause d'un ordre établi, autour des Varnas.

En somme, que cela soit dans la prédestination à la naissance ou dans la hiérarchie des castes, il apparaît que l'hindouisme et la Déclaration des Droits de l'Homme sont foncièrement incompatibles.

E-1-2-3 De l'Islam

Dans l'Islam, l'homme et la femme ont des statuts différents.

En droit musulman, le mariage constitue le seul cadre reconnu pour la constitution des liens familiaux. La famille musulmane se définit uniquement par le mariage. Cette exclusivité du mariage a un impact significatif sur la filiation qui ne peut être que légitime et exclut la filiation hors mariage.

La reconnaissance d'un enfant est réservée ainsi uniquement au père lié par un mariage à une femme. Elle établit alors une filiation considérée comme légitime. La fonction du père est primordiale, car il doit transmettre à ses enfants, et tout particulièrement aux garçons, les principes de l'Islam.

Privée du droit de tutelle sur sa progéniture, la mère exerce une fonction spécifique, la « hadana ». Celle-ci consiste à prendre soin des enfants en bas âge, à les allaiter (pendant 24 mois, cf. Coran 2, 233), à les surveiller et à leur assurer une assistance matérielle et affective. La « hadana » prend fin à la puberté de l'enfant, garçon ou fille, l'âge pouvant varier d'un pays à l'autre.

Un statut différent est donné aux garçons et aux filles, car leur dieu, Allah, enjoint de donner au fils une part équivalente à celle de deux filles.

De plus, l'Islam permet aux hommes d'épouser jusqu'à quatre femmes, mais, s'ils craignent de n'être pas justes avec celles-ci, alors une seule, ou des esclaves peuvent suffire. Cela afin de ne pas faire d'injustice entre elles ou de ne pas aggraver une charge de famille.

La première incompatibilité avec le droit français et les Droits de l'Homme réside dans la reconnaissance de statut lié à cette filiation.

De nos jours, concernant les enfants, le droit positif français ne tient plus compte de ce cadre familial. Dans la Loi française, l'ordonnance du 4 juillet 2005 est venue parachever l'égalité largement amorcée par la loi du 3 janvier 1972. Elle donne une nouvelle dimension au principe d'égalité puisqu'elle a supprimé la catégorie d'enfant naturel et d'enfant légitime.

Ce système est incompatible avec le droit musulman, qui ne connaît pas cette approche égalitaire de la filiation. L'égalité est un droit fondamental en France, ce qui fait toute la différence pour un enfant naturel. Ainsi, une décision française déclarant une paternité hors mariage ne sera pas valide devant un juge algérien ou marocain. De même, le juge français sera mal à l'aise devant les dispositions interdisant à l'enfant naturel d'établir sa filiation. L'égalité qui fonde le droit français de la filiation est étrangère au droit musulman.

La deuxième divergence réside dans le statut de la femme. La filiation agnatique (paternelle) est considérée comme étant la seule qui se transmette à travers les générations. La filiation matrilinéaire en Islam, d'ordre horizontal, discontinue et sans permanence, n'est pas considérée comme une filiation à part entière. Il en résulte un statut d'inégalité dès la naissance entre l'homme et la femme, incompatible avec la Déclaration universelle des Droits de l'Homme. L'abstention de l'Arabie Saoudite en 1948 lors de l'adoption de cette déclaration à l'ONU en résulte.

Le troisième conflit est lié à cette lignée patrilinéaire associée à une religion. L'enfant est considéré comme musulman du fait de sa filiation paternelle. De ce fait, une femme musulmane souhaitant se marier avec un non-musulman n'en a pas le droit. Selon le Coran, c'est un péché grave. Son conjoint devra se convertir. Dans le sens inverse, il n'y a pas d'objection puisque c'est le père qui transmettra son héritage religieux. À ce déterminisme lié à la filiation, il n'y a pas d'exception à la règle. Même arrivé à l'âge adulte et de raison, s'il y avait une désaffection de la pratique musulmane, la personne serait, malgré elle, toujours considérée comme faisant partie de l'Oumma. Il n'y a donc pas de libre arbitre et de doute comme cela est admis dans la chrétienté. Cette divergence est fondamentale, car elle rentre en conflit, dans ses principes, avec la nature de l'homme et avec sa raison comme définie dans la Déclaration des Droits de l'Homme.

Il y a une incompatibilité de fond entre la nature de l'Islam et du droit coranique avec la Déclaration universelle des Droits de l'Homme.

E-1-2-4 De la conduite à tenir

Des trois religions, seul le Bouddhisme pourrait, dans une certaine mesure, se plier au Droit français et être conforme aux Droits de l'Homme.

L'hindouisme comme l'islam ont des marqueurs trop différents pour se plier, sur le fond, à nos concepts occidentaux. Là où l'Occident fait prévaloir le choix individuel des personnes, ces deux religions sont sociétales. Elles structurent leurs sociétés respectives en instaurant une classification selon des statuts prédéterminés. D'après des castes pour les Hindous, suivant un genre et l'appartenance à une religion pour l'autre.

Pour les populations pratiquant ces religions et qui vivent sur notre sol, devenir citoyen français implique de renier certains aspects de leur religion. Parce qu'elles vont au-delà du spirituel personnel et parce qu'elles représentent une organisation de société, nous ne pouvons les admettre en France sous leur forme originelle. Il n'y a donc guère que trois solutions :

- Soit modifier ou encadrer leurs religions, quitte à créer des schismes.
- Soit interdire leur pratique en France.
- Soit autoriser leur pratique, mais refuser la citoyenneté à leur pratiquant.

Sauf à créer des schismes dans leurs religions, on en revient toujours à la notion d'universalité de nos principes qui de facto ne serait plus effective.

E-1-3 Sur le plan politique

La refonte/résurgence d'un rêve français, portant les valeurs des Droits de l'Homme et une amélioration de la condition humaine par les sciences, rencontrera des hostilités politiques de diverses natures. Elles seront dans leurs essences soit idéologiques, soit le propre d'autres sociétés ou États-nations.

E-1-3-1 L'hostilité politique des trotskistes

Les trotskistes, comme à leur habitude, sont dans une ambiguïté. Ils défendent l'égalité entre les hommes et les femmes, mais en même temps soutiennent les musulmans en les considérant comme une Force-Travail internationale pour fracturer les sociétés bourgeoises et conservatrices. Ils ne remettent pas en cause, ou si peu, les fondamentaux de l'Islam ségrégationniste, car ils ne considèrent l'expression islamique que de façon transitoire, en souhaitant une sécularisation des États musulmans. Ils ne s'embarrassent pas de théologie, ni ne comprennent, sur le fond, les systèmes théocratiques ou monarchiques issues de la descendance de Mahomet (Arabie Saoudite, Iran, Maroc).

La création d'un schisme dans l'Islam replacerait le religieux dans l'espace public et éloignerait les hommes d'une classification marxiste. Cette approche ne convient pas aux trotskistes et ils s'opposeraient avec force à un Islam de France.

De plus, tandis que la France a besoin d'une clarification des religions comme l'Islam ou l'Hindouisme sur les principes des Droits de l'Homme, les trotskistes n'y verraient que la manifestation d'une idée nationale de cohésion des peuples sur une entité territoriale. Là où eux-mêmes chercheraient la division des individus. Ainsi, sur le fond, comme sur les principes, tout oppose les trotskistes à une recherche de concorde nationale.

Il ne fait guère de doute que le trotskisme, champions des paradoxes, s'opposerait à l'émergence d'un islam de France, en défendant les plus intransigeants vecteurs de l'islamisme en France et en rejoignant les forces anglo-saxonnes. Il se ferait ainsi le parangon de vertu, de religions patrilinéaires, de classes ou de castes, au nom de la liberté individuelle et du droit des autres sociétés à s'émanciper des valeurs occidentales. De façon simple, le trotskisme accentuerait, par ses positions, les clivages, afin de satisfaire la désarticulation des États-nations.

Prenant en compte et anticipant ces positions, il nous est possible de les contourner en les utilisant justement pour leur côté fracturant dans les sociétés. Parce qu'ils défendront les valeurs conservatrices de l'Islam, ils feront connaître malgré eux l'alternative de ce que l'Islam de France représenterait. Il faudra même les encourager à prendre position. C'est leur volonté de fracturer les sociétés que nous devons utiliser à notre profit. Parce que nous soutiendrons une idée religieuse révolutionnaire et schismatique dans l'islam, eux n'y verront qu'une opportunité de plus de fracture, alors que nous y verrons une occasion de clarification en interne et de propagation d'une nouvelle pratique dans le monde.

Les trotskistes peuvent devenir ainsi des alliés involontaires, qui seront assez facilement manipulables. Là où leurs réflexes militants les portent à briser les sociétés anciennes, nous aurons un gain à les ostraciser facilement dans un camp rétrograde et arriéré, tout en défendant une idée révolutionnaire d'égalité pour tous les hommes et les femmes. Nous porterons un « rêve » dont ils vont s'exclure eux-mêmes.

E-1-3-2 L'hostilité politique des « Verts »

Une autre hostilité se manifestera : celle en opposition aux sciences. Il ne s'agit plus d'une hostilité à un courant spirituel, mais d'une opposition aux technologies.

Le mouvement Vert, héritier du gauchisme allemand, né à la fin des années 1970 et au début des années 1980 pour s'opposer à la venue en République Fédérale Allemande (RFA) des missiles nucléaires américains Pershing (censés contrer les missiles russes SS20 installés en République Démocratique Allemande (RDA)), met en avant des retours à la nature et/ou une politique écoresponsable en opposition à l'avancée des sciences. Pour les Verts, la décroissance, la réduction des flux et la baisse de la consommation peuvent être amorcées en se passant de la recherche et du productivisme portés par les révolutions industrielles.

C'est une lecture possible dans un contexte donné. Certains peuples peuvent se passer des sciences pour préserver un mode de vie ancestral. Les Pygmées, les Amérindiens, les Inuits, les Aborigènes pourraient se passer des sciences pour perpétuer leurs traditions. Par contre, d'autres sociétés humaines connaissent une pression démographique et ne sont plus des sociétés transhumantes. Être sédentaire, c'est valoriser ses ressources, les cultiver et améliorer les rendements pour pouvoir subvenir aux nouveaux arrivants. La progression de la connaissance dans le domaine des énergies, des cultures, de la médecine, sont une nécessité liée à la croissance démographique. Les positions des Verts sont donc peu crédibles lorsque l'on considère des pays très densément peuplés comme la Chine ou l'Inde, ou lorsqu'il s'agit de penser à la logistique des villes.

Leur politique d'opposition est essentiellement une posture. Elle joue sur deux niveaux :

- Le pathos (les émotions).

- Le mythe d'un monde ancien meilleur sans les sciences (la nostalgie).

Cette idéologie suscite l'adhésion de ceux qui ne voyagent pas et se replient sur un microcosme sur lequel ils pensent pouvoir agir. Ces derniers ne prennent pas en considération la croissance de notre espèce en conquête permanente de ressources et de nouveaux espaces. Ils n'ont, en règle générale, aucune formation scientifique et projettent dans une vision toute « littéraire » leur idéal intellectuel. Ils ont même, pour certains, une aversion totale pour les machines qu'ils considèrent comme des ennemis s'opposant à leur bien-être. Somme toute, leur opposition est surtout le reflet de leur propre incapacité à comprendre, à travers les sciences, la nature existant autour d'eux et les outils à mettre en place pour pouvoir maintenir un certain niveau de confort.

Cette opposition aux sciences a déjà existé à l'époque du saint-simonisme et du positivisme, mais elle s'articulait alors autour de principes religieux. À compter du XIXème siècle, l'espoir que les sciences allaient pouvoir répondre à tout était un rêve immense, avec une foi partagée que les connaissances du milieu apporteraient un mieux indiscutable aux hommes. Désormais, face à la complexité des technologies, c'est l'incompréhension, l'ignorance et le repli sur son confort personnel qui dominent dans cette opposition aux sciences.

Si la politique des Verts rencontre en Occident un certain accueil favorable, c'est parce que dans ses fondamentaux, elle s'appuie sur une réaction simpliste face à la complexité des connaissances : une sorte de rejet en bloc. On peut comparer cette réaction à celle d'une poule devant un couteau. Elle n'en a pas besoin pour vivre. Se retrouver dans une bibliothèque, et ne pas savoir lire ou comprendre ce qui est écrit dans les livres n'empêche pas de vivre, de manger, et de se chauffer. En revanche, les Verts peuvent très bien brûler les livres pour se réchauffer, c'est ainsi qu'ils percevront de façon pratique la connaissance et les sciences. Il s'agit là d'un conservatisme de tradition indiscutable, car ils maîtrisent encore le feu, un savoir un peu ancien, mais qu'ils maîtrisent encore.

On rencontre aussi cette hostilité dans certaines communautés religieuses, comme les Amish aux États-Unis. En un sens, les Amish incarnent une politique Verte poussée à l'extrême. Refuser l'évolution par les sciences et se satisfaire simplement de ce que la nature leur fournit certes par un travail de la terre et de l'élevage, mais juste comme leurs ancêtres du XVIIIème siècle, revient à donner un coup d'arrêt à l'évolution des sociétés.

L'Islam a aussi une aversion pour les sciences, car les explications physiques de l'Homme sur la Nature, désacralisent la création de Dieu. Leurs madrasa mettent en priorité l'accent sur la connaissance du Coran et celle des sciences vient largement après. Pour cette raison, les sociétés islamisées n'ont pas eu de révolution industrielle. Le wahhabisme, cette pratique orthodoxe de l'Islam venue du milieu du XVIIIème siècle, s'est même prévalu de la nécessité d'un retour aux modes de vie en vigueur dans la communauté musulmane de Mahomet et de ses premiers successeurs ou califes. Les sciences technologiques, au sens où l'Occident les entend, n'existaient pas à leur époque. Donner de l'importance à ces matières est donc subsidiaire.

Éduquer sa population, l'instruire, lui faire comprendre la situation des autres sociétés dans le monde et la place de l'Homme sur la Terre, sont des priorités politiques qui passent par l'école et les universités.

Relancer l'amour pour les sciences, afin de s'opposer aux idées rétrogrades et peu généreuses, doit se faire sur les mêmes anciens principes du XIXème siècle : le Rêve.

Parce que la France peut être en pointe dans la recherche et les technologies, elle portera un rêve de succès, d'aventures et de savoir dans le monde.

L'opposition qu'elle rencontrera de la part des Verts ou de toute autre forme politique ou spirituelle, sera balayée par leur propre médiocrité. Pour contrer leur lecture simpliste, il faudra tout simplement les associer à l'image de « rétrogrades » et « d'incultes ». Ils seront à respecter pour la divergence de leurs propos, mais la médiatisation de leur point de vue doit être du même niveau que celle que l'on réserverait à des Amish. Ils doivent être une singularité à protéger, mais pas autre chose et dans tous les cas, sûrement pas un exemple à faire valoir dans la Nation.

E-1-4 Sur le plan administratif

Sur le plan administratif, il pourrait y avoir des oppositions à prendre en considération. Il s'agirait de mettre en concordance une politique de reconnaissance d'un Islam de France et les avantages qui en découlent pour la citoyenneté, tout en limitant celle-ci pour les tenants d'un Islam rigoriste.

La mise en place d'une information et des outils adaptés à ces changements s'inscrit dans toute une chaîne administrative qui doit prendre en compte les sensibilités philosophiques et religieuses des individus postulant pour la citoyenneté. Dans l'absolu, l'État pourrait faire ce travail de « bénédictin ». Mais au-delà de la dynamique d'un moteur politique, cette démarche générera des freins en interne.

L'administration est composée de Corps d'État qui obéissent en théorie au pouvoir politique du moment. Par une très forte hiérarchisation de sa chaîne de transmission des instructions, elle a une dynamique très spécifique. De façon simple, on peut distinguer trois strates différentes : celle de la haute administration, celle qui est au contact des citoyens, celle qui est en gestion et transmission.

Cette hiérarchisation n'est pas connue pour sa réactivité, sauf quand le politique est exigeant, car elle a ses propres impératifs syndicaux, de disponibilité et de moyens. C'est une structure conformiste. L'ajout d'un travail nouveau ou supplémentaire demande une adaptation, une réactivité qu'elle n'a ni structurellement, ni mentalement. Ce n'est pas une « startup », ce n'est pas un outil révolutionnaire, c'est une structure de gestion.

Au-delà d'une forme d'immobilisme « bon enfant », il faut aussi prendre en considération la sensibilité politique des membres de l'administration, qui en théorie ne devrait pas s'exprimer dans leurs missions, mais qui dans la réalité peut dénaturer l'impact d'une décision politique. Avoir, dans une chaîne administrative, des opposants politiques qui se mettront en « indisponibilité » ou qui seront « force d'inertie » dans toutes les missions entreprises, pourrait s'apparenter à du sabotage, bien que cela ne porte pas ce qualificatif, car l'on incrimine toujours la lourdeur d'une structure plutôt que les quelques hommes qui mettent du sable dans les rouages. Mais il ne faudra pas s'y tromper, cette résistance politique intérieure existera bien.

Ainsi, mettre un dossier en dessous des autres, égarer ou ne pas recompléter des formulaires, avoir des outils informatiques inadéquats, temporiser dans l'attente d'une décision hiérarchique qui ne sera pas toujours disponible, multiplier les contrôles inutiles pour s'assurer d'une « conformité », etc., sont autant de manifestations d'une « mauvaise humeur » visant à ralentir des changements lorsqu'ils ne sont pas conformes à une idéologie d'opposition.

Pour se prémunir de tels comportements, la solution la plus simple serait de structurer une administration nouvelle dédiée à ce travail de délivrance de la citoyenneté. Les hommes et femmes affectés à ce travail seraient sélectionnés selon des critères bien définis, d'abord de patriotisme, mais aussi de compassion et de compréhension. C'est une dynamique militaire à insuffler à ce corps. Sans prise de mesure et acceptation personnelles d'un travail à faire pour le bien et le futur de la France, une personne postulant dans cette administration ne saurait y être admise.

Cette projection se ferait à travers plusieurs antennes en France et dans nos consulats.

Une centralisation des postulants à la citoyenneté serait à mettre en œuvre avec l'ensemble des outils d'expulsion et de rétention des expulsables à sa disposition.

E-1-5 Sur le plan constitutionnel

La mise en application politique des mesures que nous préconisons pour l'assimilation des étrangers et la gestion de l'immigration, implique d'adopter des lois ou une loi-cadre au contenu très général, définissant les grands principes d'une réforme et d'une politique dont les domaines d'application seraient définis par des décrets et des textes d'application. Or le Conseil constitutionnel, par les fonctions qu'il remplit actuellement, pourrait s'opposer à celles-ci.

Le Conseil constitutionnel a été créé initialement dans la Constitution de la Vème République pour veiller, de façon générale, à la conformité des lois, des règlements, à la régularité des élections nationales, aux référendums et au bon fonctionnement de la vie parlementaire et publique.

Le Conseil constitutionnel s'inscrit dans la tradition française du Code civil et se compose singulièrement de personnalités politiques qui ne sont pas forcément des juristes. Ils sont nommés pour neuf ans et à parité par le Chef de l'État, par le Président de l'Assemblée nationale et par le Président du Sénat. En comparaison, cette entité se distingue de la Cour suprême des États-Unis, qui est constituée uniquement de juges professionnels s'appuyant sur la Constitution et le droit commun américain basé sur la jurisprudence.

Faisant suite à la IVème république, le général De Gaulle considérait que la seule juridiction supérieure à toute chose était, *in fine*, le peuple et non certains politiques choisis et mandatés comme c'est le cas actuellement. Dans l'esprit de ce principe, Michel Debré précisait bien : « Ce qu'il nous faut, c'est une arme contre la déviation du régime parlementaire ». Les recours au Conseil constitutionnel étaient alors réservés aux plus hautes autorités de l'État et ses compétences se trouvaient très limitées. Toutefois, à compter des années 1970, le Conseil constitutionnel a développé une jurisprudence de plus en plus extensive, avec en corollaire un élargissement de sa saisine.

En effet, à partir de la Loi Marcelin, votée par le Parlement et le Sénat le 28 juin 1971, qui souhaitait créer un contrôle des déclarations des associations loi 1901, le Conseil Constitutionnel a été saisi par une minorité de parlementaires. Il s'est alors opposé à la promulgation de cette loi, le 16 juillet 1971, en entreprenant de la sorte une révision constitutionnelle non avouée de ses statuts initiaux.

Pour marquer son opposition de fond à cette loi, le Conseil a fait prévaloir non seulement la valeur constitutionnelle du préambule de la Constitution de 1958, mais aussi celle du préambule de la IVème République du 27 octobre 1946. Pour interdire cette loi Marcelin, le Conseil Constitutionnel a donc pris en considération les principes de fond apparaissant dans la Déclaration des Droits de l'Homme. Ces principes avaient, selon eux, un véritable caractère d'universalité, engendré une tradition, n'avaient jamais été contredits, et ils étaient issus d'une législation républicaine antérieure à 1946.

Avec ce jugement sur la liberté d'associations, de régulateur des pouvoirs exécutifs et législatifs, le Conseil Constitutionnel est ainsi devenu un défenseur des droits fondamentaux des citoyens, s'appuyant sur son interprétation propre de la Déclaration des Droits de l'Homme. Par cette lecture qui n'était donc plus juridique, mais devenait philosophique ou politique dans son essence, le Conseil Constitutionnel se posait désormais en juge d'appel des décisions du Parlement, pouvant aller jusqu'à la remise en cause du bien-fondé d'un référendum populaire, comme le signifiait récemment l'actuel président du Conseil constitutionnel dans l'hypothèse d'un référendum sur l'immigration.

Cette première opposition du Conseil constitutionnel, basée sur l'interprétation d'individus politisés ayant un tropisme particulier sur nos principes fondamentaux, peut donc devenir une arme d'une minorité contre la volonté exprimée du peuple, pourtant en principe, selon la Constitution, seul souverain de sa destinée.

Ainsi, si un référendum était fait sur l'immigration et les démarches pour l'accession à la nationalité française, le Conseil constitutionnel ne manquerait pas d'être saisi. Il ferait prévaloir les Droits de l'Homme des nouveaux arrivants immigrés sans tenir compte de l'organisation sociétale de leurs propres systèmes millénaires qu'ils amènent avec eux lors de l'immigration massive en cours.

Croyant sincèrement que l'universalité des Droits de l'Homme se substituerait à ces systèmes étrangers sur le sol national, le Conseil constitutionnel ignorerait superbement leurs natures profondes. Faisant cela, il serait de facto disqualifié et totalement en dehors de ses attributions, n'ayant aucune compétence pour s'exprimer sur le sujet des autres civilisations entrant sur le sol national.

Ce n'est pas l'évolution de sa mission, en tant que défenseur des droits fondamentaux, mais le prisme individuel des personnalités politiques qui le composent qui va distordre la lecture d'universalité des Droits de l'Homme et finalement altérer leurs missions.

Si l'on s'en tient aux fondements philosophiques de notre république, l'Oumma islamique ou le système de castes hindouistes sont totalement incompatibles avec la Liberté, l'Égalité et la Fraternité. On ne peut que constater, en examinant les différentes civilisations humaines, que les Droits de l'Homme ne sont pas universellement partagés.

Argumentant de façon biaisée sur le préambule de notre Constitution, les membres du Conseil constitutionnel pourraient ainsi être saisis par une minorité parlementaire qui attaquerait le bien-fondé de nouvelles lois sur l'immigration et s'opposerait à celles-ci.

En devenant une Chambre politisée placée au sommet de la hiérarchie constitutionnelle, et pouvant imposer des décisions partiales « aux pouvoirs publics et à toutes les autorités administratives et juridictionnelles », et ce sans aucune possibilité de recours, le Conseil constitutionnel s'est progressivement transformé en un organe de juridiction qui peut s'opposer à la volonté du peuple telle que voulue par le général De Gaulle.

Cette dérive fondamentalement anticonstitutionnelle, d'une institution pourtant censée être garante du droit issu de notre Constitution, se distingue des autres cours constitutionnelles européennes ou américaines, lesquelles sont encadrées soit par la jurisprudence de la chose jugée antérieurement, propre au *Common Law*, soit par des juristes non liés à un exercice politique.

Ainsi, s'il était question d'organiser un référendum au sujet de l'immigration, il faudrait se prémunir contre toute procédure en annulation du Conseil constitutionnel. Pour ce faire, il s'agirait de procéder à une « révision constitutionnelle » (Décision n° 2003-469 DC - 26 mars 2003 - Révision constitutionnelle relative à l'organisation décentralisée de la République) portant sur la qualité des hommes à nommer aux postes de « Sages » (des juges n'ayant jamais eu d'emploi politique), à la durée de leur mandat, et à la nature des Questions Prioritaires de Constitutionnalité pouvant venir du Conseil d'État ou de la Cour de Cassation. La Cour constitutionnelle ne pourrait pas s'opposer à la pertinence de ces révisions constitutionnelles dans le sens où elle est elle-même partie prenante.

Dans l'esprit originel de notre Constitution, il s'agit de limiter les pouvoirs du Conseil constitutionnel aux problèmes de Droit entre les parlementaires et l'exécutif, ainsi que les questions d'intégration du droit Européen, sans possibilité de jugements et d'interprétations philosophiques sur les fondamentaux de notre société et pouvant être sujets à des controverses biaisées.

Cette procédure de révision de la Constitution est prévue par son article 89 et suppose :

- l'accord du Président de la République et du Gouvernement ;
- l'accord de chacune des deux chambres ;
- et, selon le cas, l'accord des citoyens (par référendum) ou celui du Congrès (deux chambres réunies se prononçant à la majorité des 3/5ème des suffrages exprimés).

E-2 Des oppositions externes

E-2-1 L'hostilité politique des anglo-saxons

Les États-Unis ont su créer un « rêve américain » offrant au monde l'idée qu'il était possible dans leur pays de tout faire et de se valoriser uniquement par sa Force-Travail. Ce rêve a attiré à lui des compétences exceptionnelles. Il a pu se construire sur un modèle économique libéral où le risque, la richesse, l'audace sont reconnus par tous. Il a pu offrir à la fois une compétition interne entre chaque État le constituant, et où le poids de la fiscalité propre des administrations était laissé à l'appréciation comparative de celui qui souhaitait y résider, et une administration fédérale la plus légère qui soit. S'appuyant sur une constitution bien pensée, les USA ont su concilier un rêve individuel de réussite et une foi dans l'avenir des sciences.

Ce modèle fut un temps celui de la France, la culture et le luxe en plus. C'était au début du XXème siècle.

Au-delà des conflits avec le modèle marchand et colonial anglais, la France partage avec les États-Unis un message révolutionnaire qui a influencé le monde entier. C'est un modèle portant sur son émancipation d'un ordre ancien, où la place de l'homme ne dépend pas d'un privilège de naissance, mais répond à la liberté et l'égalité inscrites dans leurs constitutions. Si les USA ont conservé la nature marchande de l'esprit anglais, ils ont bénéficié de leur stature de vainqueur à l'issue de la Deuxième Guerre Mondiale. Ils ont ainsi écrit les principes du mondialisme avec une force économique et militaire indiscutable. Cette prédominance mondiale les amène à considérer toute forme politique qui n'irait pas dans leur sens comme une compétition et une remise en cause de leur modèle.

Ainsi, pour eux, les alternatives idéologiques marxiste ou islamique ne peuvent pas être considérées autrement que comme l'ennemi à combattre.

La France représente une alternative philosophique, qui se réclame également des principes de Liberté et d'Égalité. Elle puise dans les mêmes racines. Toutefois, c'est dans les nuances de la laïcité et sa gestion des religions qu'elle se distingue.

Aux États-Unis, la laïcité repose, comme en France, sur un principe fondamental exprimé, chez eux, dans le premier amendement de la Constitution fédérale : c'est le principe de séparation de l'Église et de l'État. Le Congrès ne peut, en effet, adopter aucune loi relative à l'établissement d'une religion, ou à l'interdiction de son libre exercice.

Autant les USA ont fait le pari d'une cohabitation des religions, laissant émerger des communautés distinctes sur leur propre sol, basées sur la libre adhésion à la religion que l'on souhaite embrasser, autant la France a une lecture plus intransigeante des manifestations religieuses au sein de sa communauté et souhaite une assimilation plus marquée par les principes de Droit et d'Égalité, tout en affirmant la séparation de l'Église et de l'État.

La notion laïque de l'État français se posant au-dessus des lois religieuses, ainsi qu'un droit civil soumis aux évolutions parlementaires, se distinguent d'une société américaine très religieuse dès ses origines (les migrants aux Amériques fuyant la répression anglicane d'Angleterre), et soumise à un droit de *Common Law* basé sur l'antériorité de la chose jugée. Si dans ses principes la Cour Suprême américaine a toujours préservé la laïcité, elle reconnaît que les formes d'expressions chrétiennes de la « religion civile » américaine (« *In God We Trust* » sur les billets de banque, prières au Congrès, etc.) ne violent pas la clause d'établissement dans la mesure où elles ont une forte dimension historique, ne forcent personne à adhérer à une religion et font référence à Dieu en général, et non à une tradition religieuse en particulier. Ainsi, dans sa reconnaissance des droits d'autres religions, la Cour Suprême des USA a par exemple validé l'autorisation des Sikhs de porter le *kirpan*, leur poignard cérémoniel. Si la laïcité à la française s'interdit de faire référence à son identité chrétienne, celle des USA est plus accommodante et l'intransigeance française sur le voile islamique par exemple est totalement incomprise aux USA.

La laïcité à la française n'a donc pas son pendant aux USA, elle est vraiment spécifique.

Si la politique française d'assimilation s'oriente vers un rejet des fondamentaux des autres religions incompatibles avec les principes français, il en résultera une fracture sur ces nuances, qui deviendront alors de vrais marqueurs distinctifs entre les sociétés française et américaine.

Pour analyser l'orientation distinctive que la France pourrait prendre, il faut tenir compte des positions géographiques que celle-ci et les USA occupent respectivement dans le monde. La France connaît une poussée de l'immigration venant d'Afrique et d'Orient avec comme corollaire une forte poussée de l'Islam sur son sol. Les USA connaissent une poussée de l'immigration en provenance du Mexique avec des populations presque exclusivement chrétiennes.

Les situations géostratégiques française et américaine ne sont absolument pas comparables et les principes d'assimilation qui en découlent ne le sont pas davantage.

La position américaine peut se prévaloir d'un modèle d'accueil sur son sol pour tous. Elle intègre les sociétés immigrées différentes, mais elle ne les assimile pas fondamentalement. Il en résultera à terme des fractures inévitables sur son sol, comme on peut déjà l'observer avec les communautés noires et indiennes, mais aussi à travers toute une série de revendications religieuses venant du monde entier.

Si la France continue d'affirmer une forme d'intransigeance en matière de droits de l'Homme tout en les expurgeant de leur principe d'universalité, elle fera l'objet de vives critiques de la part États-Unis et des pays qui n'y adhèrent pas.

L'opposition anglo-saxonne argumentera sur la liberté de culte, sans toutefois oser rentrer dans le détail des différences de fond et des nuances incompatibles existant entre ce que les pères fondateurs des constitutions entendaient par « principes des Droits de l'Homme » et l'expression de certaines religions qui n'étaient pas présentes à l'origine de la création de leurs États.

En sacralisant le principe de liberté de culte, la position américaine est sans nuances, enfermant les autres religions dans une tentation soit de rejet des principes fondamentaux des Droits de l'Homme, soit de contournement des principes mêmes. Ce qu'elles font assez bien en utilisant tous les recours d'arbitrage que l'Occident met lui-même à leur disposition.

Comment leur en vouloir ? C'est notre propre aveuglement occidental et un profond défaut de compréhension des autres sociétés qui enferme l'Occident dans une impasse conflictuelle.

Pour contrer cette hostilité anglo-saxonne, il faut la replacer dans le contexte religieux et en revenir aux fondamentaux de son argumentation en mettant en avant la prééminence historique de la chrétienté dans la formulation des Droits de l'Homme, et en précisant bien que l'on ne souhaite convertir personne de force.

De plus, en laissant se développer, *in extenso*, un Islam de France conforme aux Droits de l'Homme, on rendrait possible un schisme auquel les musulmans pourraient adhérer en usant de leur libre-arbitre. Il ne serait pas obligatoire d'y adhérer. Il serait subsidiaire à ce qui existe déjà. Ce serait une alternative de foi, la liberté de culte étant ainsi préservée.

Un autre aspect métapolitique de l'opposition anglo-saxonne est celui de la propagation dans les sociétés d'un concept, assimilé à un rêve de mieux-être ou de modernité. Si en France, il se formule un islam conforme aux principes des Droits de l'Homme, il en résultera une dissémination de ce principe religieux à travers le monde. Comme le fit en son temps, à partir des années 1920, le sécularisme de Mustapha Kemal Atatürk en Turquie. Cette évolution révolutionnaire et moderne de l'islam engendrera un espoir infini pour des millions de personnes.

Qui sont ces populations ? En premier lieu les femmes, celle de l'Oumma. Puis les musulmans peu religieux et bien intégrés dans les sociétés occidentales, qui ne verront aucune différence majeure dans leur quotidien. Cette idée, c'est la France qui la portera et non le monde anglo-saxon. Il en résultera une « envie », une « jalousie », voire un « mépris », dont il faut tenir compte. Il est certain que le monde anglo-saxon apportera un soutien tacite au modèle conservateur islamique. S'appuyant eux-mêmes sur l'Ancien Testament au détriment du Nouveau Testament, ils se défieront de ce nouvel islam émergeant dans les sociétés occidentales et orientales. Malgré leur opposition, « la graine sera semée et prête à germer », avec des revendications féministes qui se répercuteront aussi certainement chez eux. C'est donc sur l'égalité entre les hommes et les femmes, au sein de ce nouvel islam, que la France axera en priorité sa défense pour se préserver de leurs attaques.

E-2-2 L'hostilité politique des pays de l'Oumma

Au-delà du plan religieux, les pays du monde musulman vont s'opposer de façon politique à cette évolution de l'islam en accord avec les Droits de l'Homme, et à ce « rêve » français en devenir. Il est certain qu'il y aura une crispation des relations entre la France et ces pays. Elle se manifestera sous des formes diplomatiques, par des embargos sur les matières premières (pétrole, gaz) et des pertes de marché pour la France.

Sur le plan diplomatique, cela pourrait donner lieu à des interpellations constantes ou des oppositions de vote dans les institutions internationales. Dans le tourisme, une limitation des voyages de nos ressortissants est aussi à prévoir. Cela affecterait de facto le trafic aérien. Finalement, pour tenter d'endiguer la propagation, sur leur sol, de cet islam de France, c'est toute notre politique extérieure vis-à-vis des pays de l'Oumma qui se verrait impactée par leur réaction. Nous serions alors dans la situation comparable à celle de la Révolution Française, qui vit s'opposer les monarchies européennes à l'influence philosophique révolutionnaire et à l'exemple qu'elle donnait sur leurs propres territoires.

S'il n'est pas envisageable pour ces États de l'Oumma de nous déclarer la guerre militairement (autre que le terrorisme), ils mèneraient en revanche une politique anti-française sur leur propre sol. L'impact serait donc fortement économique, tant chez eux que dans le volume de nos échanges internationaux. Les principaux secteurs touchés seraient l'énergie, les ventes d'armement, le tourisme et le transport aérien.

Anticipant leurs réactions, la solution consiste impérativement à décorréler la mise en œuvre de cet Islam de France de l'État français lui-même. Ainsi, l'État ne doit pas être l'initiateur ou le vecteur de ce schisme. Sa création, *Inch Allah* (Si Dieu le veut), doit émerger d'une « révélation » qui sera portée par une initiative citoyenne touchée par la grâce. La liberté de culte étant garantie par l'État, l'émergence sur son sol d'un islam différent sera juste un constat à faire. Toutefois, alors que cet islam réformé est nouveau, il y aura bien évidemment une certaine complaisance à son développement en France. L'État le considérera sur un plan d'égalité avec l'ancien islam. L'État s'appuiera donc juste sur un de ses fondamentaux : celui de la liberté de culte au sein d'un pays séculier.

Parce qu'il y aura dialogue entre l'État et ce nouvel islam comme avec celui des rigoristes musulmans, il aura une reconnaissance de fait de son existence. Ce schisme pourrait bien évidement se voir aidé indirectement ou directement comme le sont toutes les autres religions. Parce que l'État français ne saurait être responsable de l'apparition de cet islam réformé, il ne pourrait pas légalement être tenu pour responsable de sa propagation. Ce ne serait donc pas une religion d'État, mais une religion reconnue par l'État, au même titre que toutes les autres religions.

Cette approche se distingue des religions encadrées par l'État comme elles le sont en Chine. Ce dernier pays supervise par exemple le catholicisme qu'il considère comme étant une manifestation étrangère sur son sol. Il nomme ses propres évêques en opposition à ceux de Rome. Dans le cas présent, il n'y aurait même pas nécessité de suivre cette démarche, puisque dans l'islam, il n'existe pas de Pape qui nomme les imams. Tout musulman connaissant le Coran peut devenir prédicateur et avoir ce statut d'imam. Ainsi, tout musulman acceptant la nouvelle révélation du texte de ce nouveau Coran aurait, en toute « sérénité », la qualité et la possibilité de devenir imam.

On verrait, de facto, l'émergence d'un nouveau « clergé » musulman, sans qu'un adoubement de l'État soit nécessaire.

Si cette approche se réalise, la réaction des États de l'Oumma s'orientera vers des actions de « lobbying » très fortes sur nos institutions et sur les relais médiatiques, politiques et économiques qu'ils ont chez nous. Il faudra donc anticiper et déterminer à l'avance les relais qu'ils utiliseront pour contrer l'émergence de cette nouvelle révélation et pratique de l'Islam. Les plus virulentes oppositions se feront très probablement à travers certains de nos propres concitoyens, qui agiront en « proxy » téléguidés par ces nations islamiques.

Il faudra alors une politique de fermeté garantissant la liberté de culte à tous et ostraciser en retour ces vecteurs « étrangers », chantres d'un conformisme islamique hostile.

F - DES STRATÉGIES

Faisant suite aux constats et recommandations de ce manifeste permettant une assimilation des nouveaux entrants ou résidents étrangers et le déploiement d'un « rêve » français à rejoindre, nous préconisons une stratégie d'approche en plusieurs étapes.

Il s'agit dans un premier temps de pouvoir faire un référendum sur l'immigration par :

- l'article 11 de notre Constitution qui stipule que « *Le Président de la République, sur proposition du Gouvernement pendant la durée des sessions ou sur proposition conjointe des deux assemblées, publiées au Journal officiel, peut soumettre au référendum tout projet de loi portant sur l'organisation des pouvoirs publics, sur des réformes relatives à la politique économique ou sociale de la nation et aux services publics qui y concourent, ou tendant à autoriser la ratification d'un traité qui, sans être contraire à la Constitution, aurait des incidences sur le fonctionnement des institutions. Lorsque le référendum est organisé sur proposition du Gouvernement, celui-ci fait, devant chaque assemblée, une déclaration qui est suivie d'un débat...* »

Et de réformer le Conseil Constitutionnel par le biais de :

- L'article 89 qui demande :
    - l'accord du Président de la République et du Gouvernement ;
    - l'accord de chacune des deux chambres ;
    - et, selon le cas, l'accord des citoyens (par référendum) ou celui du Congrès (deux chambres réunies se prononçant à

la majorité des 3/5ème des suffrages exprimés). C'est au Président de la République de choisir la voie (référendum ou Congrès).

Pour utiliser l'article 11 de notre Constitution, qui ne demande pas un consensus des deux chambres pour faire un référendum sur l'immigration, il suffirait de suivre la recommandation du Conseil Économique, Social et Environnemental (CESE), après l'avoir bien évidement réformé, afin de suivre son avis sur des réformes « relatives à la politique économique ou sociale de la nation et aux services publics » qui y concourent touchant la force-travail de l'immigration et son assimilation.

F-1 Au niveau politique

Il faut donc en premier lieu :

- Remporter l'élection présidentielle en portant à la tête de l'État un candidat patriote.
- Avoir au Parlement une majorité permettant de nommer un Premier ministre.
- De pouvoir trouver avec le Président du Sénat, si celui-ci n'est pas majoritairement en la faveur du Président de la République, un terrain d'entente pour l'amener à collaborer dans les réformes à faire.

Ces trois conditions sont essentielles pour pouvoir envisager, entre autres, une réforme constitutionnelle portant sur les fonctions et l'organisation du Conseil constitutionnel afin que ce dernier ne puisse s'opposer, comme il a été dit précédemment, à un référendum sur l'immigration.

En rappel, il s'agit de nommer aux postes de « Sages » des personnalités sans aucune attache politique et recruter uniquement au sein de la magistrature. Ces individus passeraient devant une commission parlementaire et sénatoriale avant de prendre leur fonction. Le Conseil Constitutionnel n'aurait plus le droit d'interpréter le préambule de la Constitution pour s'opposer aux référendums et aux lois promulguées. Conformément à ses attributions actuelles, il pourrait revenir sur certaines lois antérieures prises en contrevenant à ses nouvelles obligations.

Au vu des enjeux, et en supposant que l'Assemblée soit en faveur du Président, la réforme constitutionnelle serait soumise aux jeux d'un accord entre les partis politiques et reste incertaine au niveau du Sénat.

Toutefois, le Président et le Premier ministre pourrait commencer par réformer la composition du CNCDH, comme il a été précédemment dit, en changeant, sur le fond, toute l'orientation partisane de cette institution qui de facto est devenue l'organisme de référence du Conseil constitutionnel actuel et influence les institutions européennes par le biais du CEDH.

De même, une refonte du Conseil Économique, Social et Environnemental (CESE) serait faite afin d'avoir ses recommandations concernant la Force-Travail de l'immigration et son assimilation. Cette recommandation initierait l'utilisation de l'article 11 de notre Constitution pour pouvoir organiser un référendum.

Une fois ces deux missions accomplies, le Chef de l'État et le Premier ministre peuvent envisager un référendum sur l'immigration, par l'article 11 de la Constitution, reprenant les points de lois préconisés dans le présent manifeste.

Structurellement, le Premier ministre doit créer un Secrétariat d'État dédié à l'immigration, reprenant les fonctions régaliennes de contrôle des frontières et des nouveaux entrants. Ce Secrétariat d'État serait subordonné au Ministère de l'Économie et des Finances et intégrerait le Service des Douanes.

Ce Secrétariat d'État aurait en charge l'ensemble du traitement des demandes d'asile, du regroupement familial, des mineurs non accompagnés, des clandestins et de toutes les formes d'immigration sur le territoire. Il aurait des antennes dans chaque ambassade des pays d'émigration.

Il serait doté d'un budget pour la construction et la gestion de centres de rétention administrative pour les adultes et les mineurs (CRA et CRAPM), ainsi que les centres délocalisés de rétention administrative (CDRA) gérés en dehors de l'espace européen.

Il mettrait en œuvre l'ensemble des moyens de transport dédiés, comme les avions, les bateaux et les véhicules, pour le convoyage des migrants.

Il reprendrait à sa charge l'ensemble des procédures d'accompagnement aux migrants actuellement sous-traitées au monde associatif.

Ce renforcement du Service des Douanes, à travers ce secrétariat d'État, permettrait d'établir une comptabilité analytique du coût réel de l'immigration rapporté aux flux entrants et sortants.

Simultanément un accompagnement de l'action du gouvernement doit se faire auprès des Institutions nationales, des Autorités Administratives (Défenseur des droits, Contrôleur général des lieux de privation de liberté) ou encore Publics (CNC, ARCOM) Indépendantes que cela soit à un niveau médiatique, scolaire, artistique, professionnel ou de droit.

Occupées principalement par des sensibilités « gauchistes » et mondialistes enkystées dans ces structures, il s'agit de donner une meilleure représentation de la société française dans ces organismes et sensibiliser la société à l'action du gouvernement.

Par les missions qui leur sont dévoyées, ces entités accompagneront l'action du gouvernement pour promouvoir le référendum sur l'immigration, les actions d'assimilation qui suivront et la reformulation du « rêve industriel français ».

MESURES PRELIMINAIRES POUR INITIER UN REFERENDUM SUR L'IMMIGRATION ET CONSTRUIRE UN « RÊVE FRANCAIS »

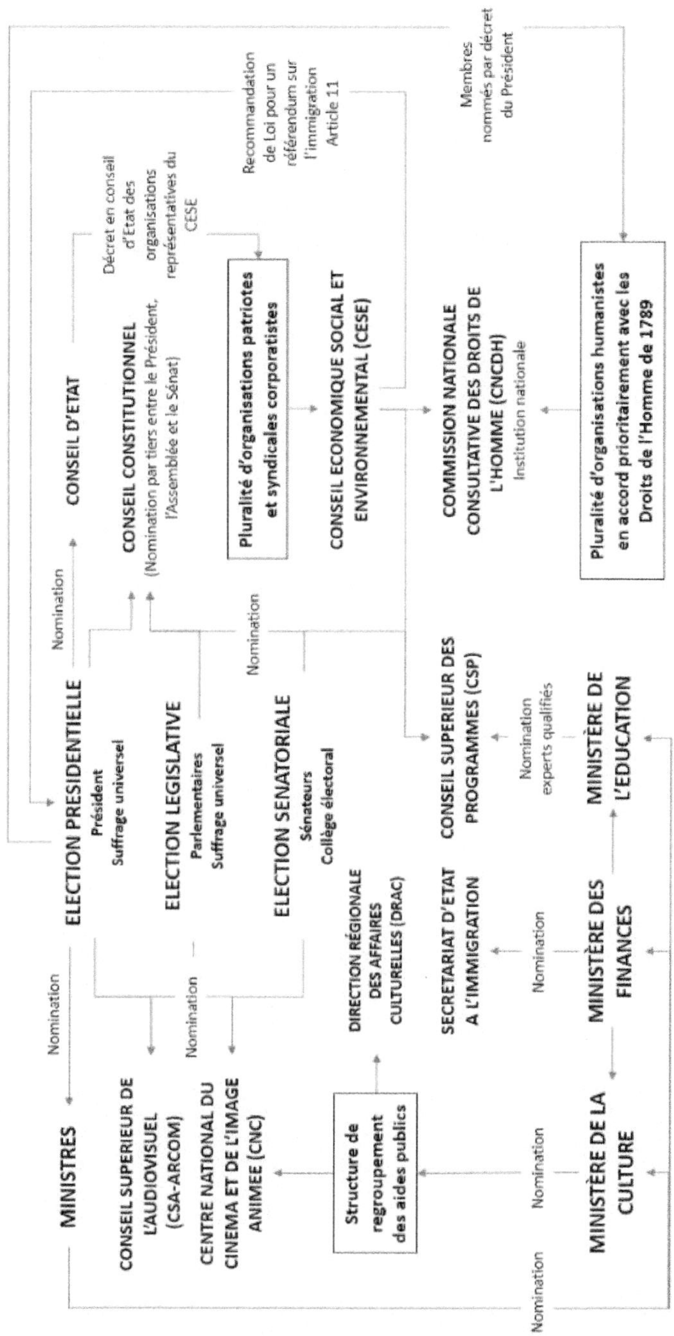

F-2 Au niveau du Conseil Économique,Social et Environnemental (CESE)

Cet organisme qui avait pour nom à son origine le Conseil National Économique (CNE), a été créé sous la IIIème République, en 1925, par Edouard Herriot, président du Conseil des ministres et artisan du Cartel des Gauches. Sa fonction était alors uniquement consultative, avec des représentants d'organisations les plus représentatives de leur temps. Mais c'est à partir du Front populaire et le vote des lois sociales de l'été 1936, qu'est accordé un nouveau rôle au CNE. Puis, sous la pression des communistes, celui-ci se renforce significativement après la Deuxième Guerre mondiale et devient l'artisan consultatif des grandes orientations économiques et sociales du pays. La Constitution de 1958 (article 69) le renomme Conseil économique et social (CES), auquel s'ajoute la dimension « environnementale » depuis 2008 (CESE).

Cet organisme fait l'objet de plusieurs critiques, allant du coût structurel de l'institution au manque d'assiduité de ses membres, du peu de saisines externes venant des parlementaires, de l'exécutif, et d'un travail sous-utilisé ou exploitable.

Faisant suite à la réforme de 2021, le CESE est actuellement composé de 175 membres. La loi organique du 28 juin 2010 regroupe ainsi les membres du Conseil, en quatre grands pôles :

- Le pôle des salariés, avec 52 membres.
- Le pôle de la vie économique et du dialogue social, avec 52 membres.
- Le pôle de la cohésion territoriale et de la vie associative, avec 45 membres.

- Le pôle de la protection de la nature et de l'environnement, avec 26 membres.

Chacune des organisations, représentées dans ces pôles, est fixée par décret. La plupart des conseillers sont choisis par leurs associations, syndicats ou organisations d'origine pour porter leur voix.

De plus, selon ses nouvelles attributions, le CESE peut être officiellement saisi dans le cadre d'une pétition de 150 000 signatures par voie électronique pour porter des recommandations de lois auprès du Gouvernement et des Parlementaires. S'ajoutant à cela, les jeunes ont la possibilité à partir de 16 ans d'être signataires ou lanceurs de pétition. Si cela peut sembler démocratique, c'est surtout la possibilité de fracturer encore plus la population en agissant au titre d'un groupe militant, qui se coalise dans une pétition, pour promouvoir des lois identitaires ou spécifiques.

Pour exemple, alors que les écologistes ne représentent que 4,63 % de l'électorat français (Dominique Jadot à l'élection Présidentielle de 2022), ce mouvement politique est représenté par 8 associations (I4CE, FNAUT, FNE, Fondation pour la Nature et l'Homme, Les amis de la Terre, Réseau Action Climat, IDDRI) sur les 17 organismes en charge du pôle protection de l'environnement.

De même, alors que l'ensemble du monde syndical en France ne représente plus que 10,3 % des salariés en 2019, il constitue 100 % de la représentativité des salariés au CESE. Ce qui n'est absolument pas le reflet de l'expression et des attentes du monde réel du travail.

Cet organisme peut sembler inoffensif, voire inopérant, tant son action consultative peut paraître subsidiaire. Seulement, lorsqu'il est sollicité, le Gouvernement ne procède pas aux consultations prévues par les textes, car le CESE est considéré comme étant le représentant de la société et de sa diversité. Ce qui est évidemment faux, dans l'état actuel des choses, puisque le CESE ne correspond qu'à une fraction choisie de la population et déterminée par un décret en Conseil d'État selon un biais politique.

Enkystées depuis des décennies dans le CESE, les idées syndicales basées sur la force-travail internationale, issues du marxisme et de la mondialisation, ont créé un immobilisme industriel et productif qui bloque toute réforme de fond dans la société française. Il faut donc démarquer cet organisme de l'influence politique communiste et trotskiste, totalement dépassée et arriérée, qui s'est diffusée dans l'institution, et désigner par décret un ensemble d'associations et d'organismes résolument tournés vers une refonte du modèle social, environnemental, agricole et industriel, davantage en accord avec les besoins et l'identité réels de la société.

Si des changements survenaient dans les statuts du CESE, il faudrait une loi organique sur laquelle le Conseil Constitutionnel aurait son mot à dire. Par contre, la sélection des membres qui le représentent et leur répartition se font par décret en Conseil d'État.

Après consultation du Conseil d'État, l'exécutif a donc la possibilité de modifier la représentativité actuelle du CESE et de son fonctionnement avec une meilleure représentativité de la société.

Ainsi, si la France voyait arriver une présidence patriote, le CESE pourrait avoir une fonction essentielle s'il s'agissait de recréer le « rêve » français et d'initier un référendum sur l'immigration par l'article 11 de notre Constitution. C'est donc en termes de « caisse de résonance », de « lanceurs d'alertes », de « réformateur » qu'il faudrait voir les actions à venir du CESE.

RECOMMANDATION DU CESE POUR L'ORGANISATION D'UN REFERENDUM SUR L'IMMIGRATION

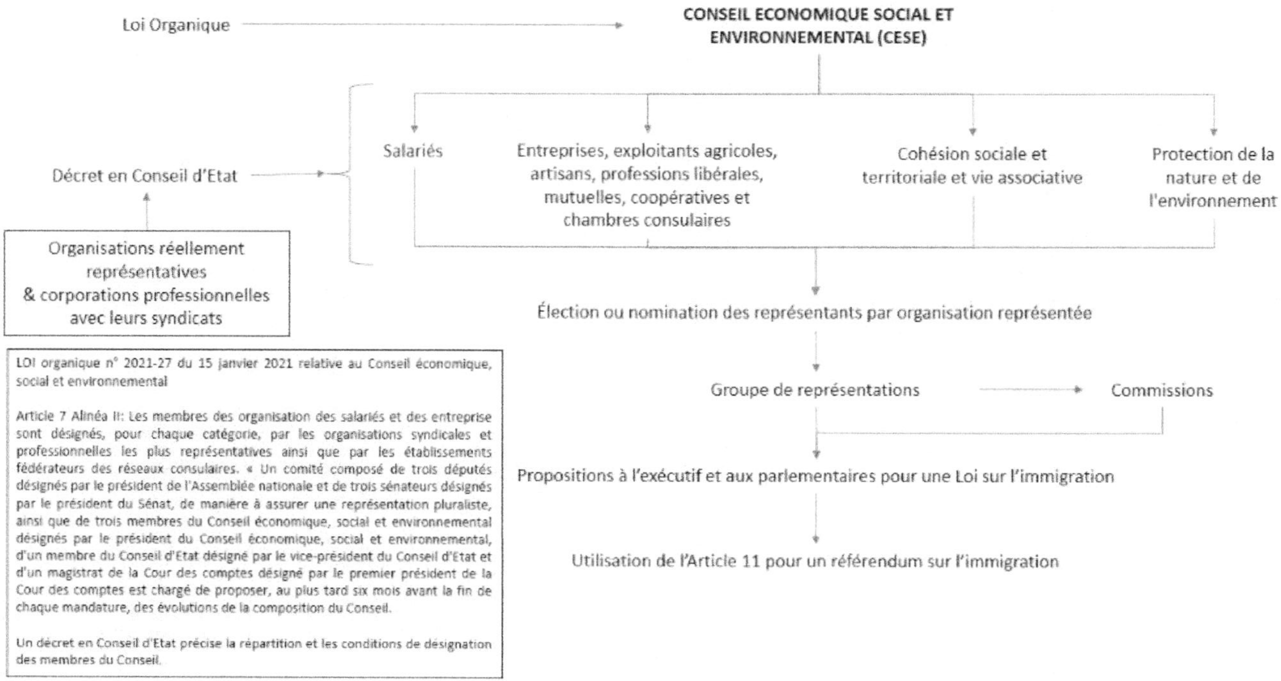

F-3 Au niveau de l'islam

La solution d'un concordat pour l'islam, de même nature que celui proposé en 1801 par Napoléon au catholicisme, au protestantisme et au culte israélite, est une solution que recherchent actuellement tous les différents gouvernements français qui se succèdent. Seulement ces derniers se heurtent tous à une différence fondamentale avec la nature même de l'islam sunnite représenté majoritairement au sein des populations immigrées de France : il n'existe pas de clergé sunnite au sens où nous l'entendons nous-même comme dans la religion catholique avec à sa tête un Pape et ses évêques.

Tout musulman, s'il connait un tant soit peu le coran, peut s'autoproclamer prédicateur et devenir imam. À cela s'ajoute l'origine du pays de chaque imam. Chacun d'eux devient les vecteurs d'un islam appartenant à leur propre identité culturelle. Il propage selon leur sensibilité nationale une pratique soit fériste, wahhabite ou autres. Finalement, rechercher, en préliminaire d'un concordat avec l'islam, une entente entre les différentes branches de celui-ci, c'est rechercher ce que l'histoire n'a jamais réussi à faire.

De plus, selon les musulmans, le Coran est la parole de « Dieu », il en résultera toujours un retour pour certains à une lecture rigoriste et orthodoxe. De ce fait, la réalité de l'Oumma quoi qu'il advienne sera toujours inhérente à leur pratique, et restera toujours en totalement contradiction, comme on l'a précédemment dit, avec les fondamentaux philosophique de la France.

Notre regard doit donc envisager de se tourner vers une alternative différente.

Il s'agirait de laisser se développer un islam de France distinct. Celui-ci s'appuierait sur l'arrivée d'un Mahdi, appuyé par de nouveaux imams français qui sûrement, par la grâce d'une révélation divine, apporteraient des modifications substantielles dans le Coran le rendant compatible avec notre Déclaration des Droits de l'Homme.

Du moins il faut souhaiter que cela puisse arriver, mais la chose n'est pas improbable, si l'on s'en remet à l'intervention divine de l'ange Gabriel (Jibril dans le Coran).

Peut-être que cette révélation a déjà eu lieu dans le passé, comme pour l'émergence du bahaïsme en Iran ? Peut-être a-t-elle été occultée et combattue dans l'islam ? Peut-être qu'elle arrivera prochainement ou reviendra ? et peut-être qu'elle perdurera cette fois dans l'attention des croyants musulmans présents en France ? Dans l'état actuel des choses, personne ne peut répondre à ces questions. Remettons-nous-en seulement à la Providence en restant très attentif à l'émergence d'une révélation qui pourrait arriver sur le sol de France.

Par cette intervention divine, l'égalité entre les hommes et les femmes, l'abrogation des distinctions entre musulmans et non-musulmans, ainsi que le retrait d'une transmission de la religion par la filiation ne permettraient plus le développement du corpus identitaire de l'Oumma sur le territoire national.

Le libre arbitre des musulmans, s'ils souhaitent s'assimiler, se ferait ainsi tout naturellement. Le choix étant celui de rejoindre cet islam pacifié ou de conserver une revendication identitaire spirituelle incompatible avec notre Constitution et son préambule.

Il s'agirait pour l'État français de reconnaître et de soutenir ce nouveau Coran et donc ce schisme dans l'islam au même titre que toutes les autres religions.

Toutefois, comme il a été précédemment dit, ce n'est pas à l'État français d'être partie prenante dans le développement de cette nouvelle lecture de l'islam, il n'aurait qu'un rôle d'arbitre et de protection. C'est à travers la société civile au sein de la population française qu'il émergerait, relayé par les réseaux sociaux et les médias.

La reconquête des mosquées, déjà existantes sur le territoire national, laisse présager des affrontements dans lesquels l'État aura par contre son mot à dire.

La fracture entre ces deux religions, devant soulever au sein de la communauté musulmane des tensions, provoquera des mesures d'éloignement pour les plus radicaux et la fermeture de mosquée sous influences étrangères. Ces mesures s'appuieraient sur des nécessités d'ordre public.

Cette mesure peut sembler singulière, mais elle a un réel pouvoir coercitif au sein de cette religion qui connait parfaitement le pouvoir d'un schisme et ce que représenterait le soutien de la France dans son émergence.

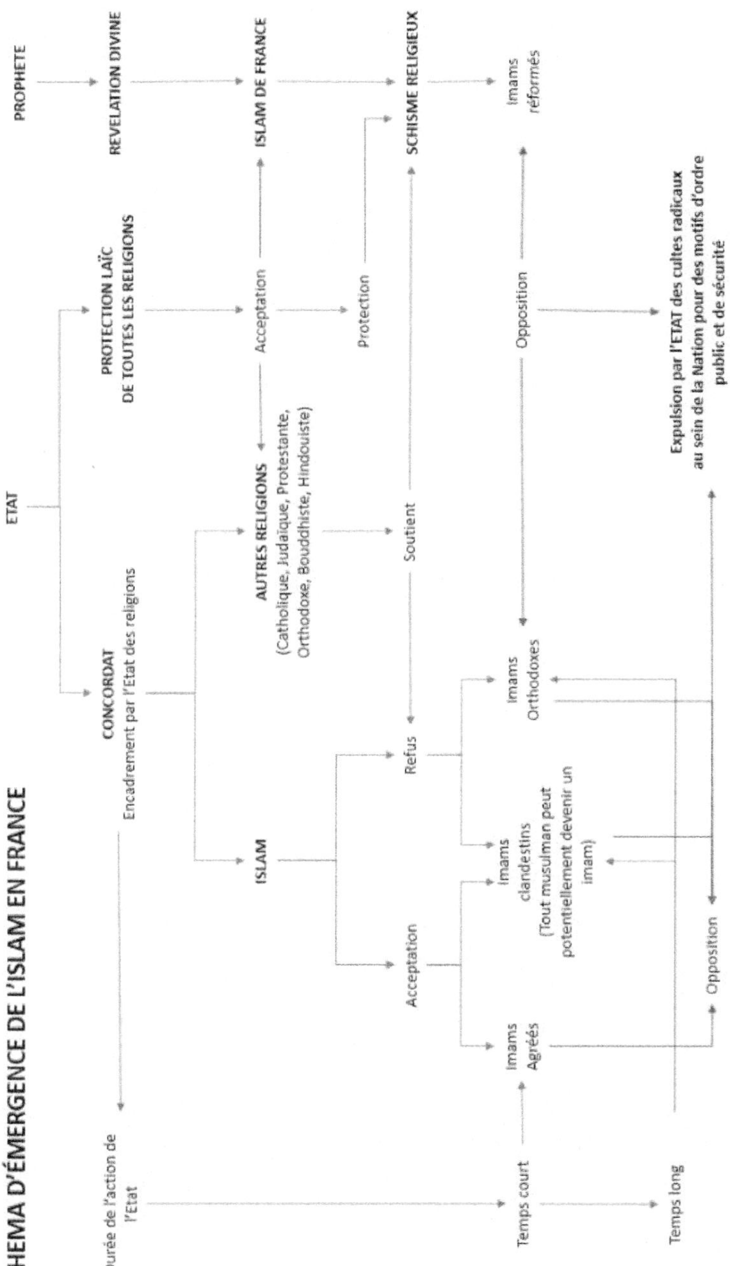
SCHEMA D'ÉMERGENCE DE L'ISLAM EN FRANCE
PROPHETE
REVELATION DIVINE
ISLAM DE FRANCE
SCHISME RELIGIEUX
Imams réformés
ETAT
PROTECTION LAÏC DE TOUTES LES RELIGIONS
Acceptation
Protection
Opposition
Expulsion par l'ETAT des cultes radicaux au sein de la Nation pour des motifs d'ordre public et de sécurité
CONCORDAT
Encadrement par l'Etat des religions
AUTRES RELIGIONS
(Catholique, Judaïque, Protestante, Orthodoxe, Bouddhiste, Hindouiste)
Soutient
ISLAM
Refus
Acceptation
Imams Orthodoxes
Imams clandestins (Tout musulman peut potentiellement devenir un imam)
Imams Agréés
Opposition
Durée de l'action de l'Etat
Temps court
Temps long

F-4 Au niveau scolaire

Une refonte des programmes scolaires est nécessaire, remettant en avant l'histoire de France, l'apprentissage des messages philosophiques et spirituels de notre société et les sciences comme vecteur d'un épanouissement. C'est donc au niveau du Conseil Supérieur des Programmes (CSP) que l'action doit être menée. C'est une instance indépendante placée auprès du ministre de l'Éducation nationale qui doit offrir les garanties scientifiques nécessaires pour émettre des avis et formuler des propositions sur la nature des programmes scolaires.

Elle réunit :

- Trois députés et trois sénateurs.
- Deux représentants du Conseil économique, social et environnemental (CESE).
- Dix personnalités qualifiées

Sur les 18 représentants de cet organisme, seules les dix personnes dites « qualifiées » sont nommées par le Ministre de l'Éducation. Elles ont en charge de créer des commissions ad hoc sur tous les sujets d'instruction.

Sa composition actuelle n'est pourtant pas optimum, dans le sens où elle n'intègre pas une représentation patronale qui fournira pourtant le débouché professionnel d'une instruction.

On retrouve ainsi six représentants politiques, dix universitaires ou anciens fonctionnaires, en tant que personnes qualifiées, et seulement deux représentants liés au monde de la vie économique venant du Conseil économique, social et environnemental (CESE). Aucun d'entre eux n'a jamais eu à créer ou à diriger des entreprises privées de statures nationales ou internationales, ce qui décorrèle la nature de l'enseignement des réalités et des besoins du monde professionnel.

De plus, que ce soit par le biais des politiques ou par la représentativité syndicale, proche ou au sein de cette institution, un biais idéologique partisan d'inspiration trotskiste ou mondialiste peut exister et saboter la nature des programmes devant rechercher à la fois l'assimilation aux valeurs françaises et porter un rêve de réussite par les sciences.

Le choix de la nomination des membres du groupe d'experts par le Ministre de l'Éducation est donc essentiel. Il pourrait s'agir d'augmenter soit le nombre de ces experts en y intégrant des membres du patronat à parité du nombre de fonctionnaires, soit d'agir sur la représentativité du CESE qui pourrait être soumise à des conditions plus en concordance avec la création d'emploi.

INTEGRATION DES CORPORATIONS PROFESSIONNELLES AU SEIN DU CSP

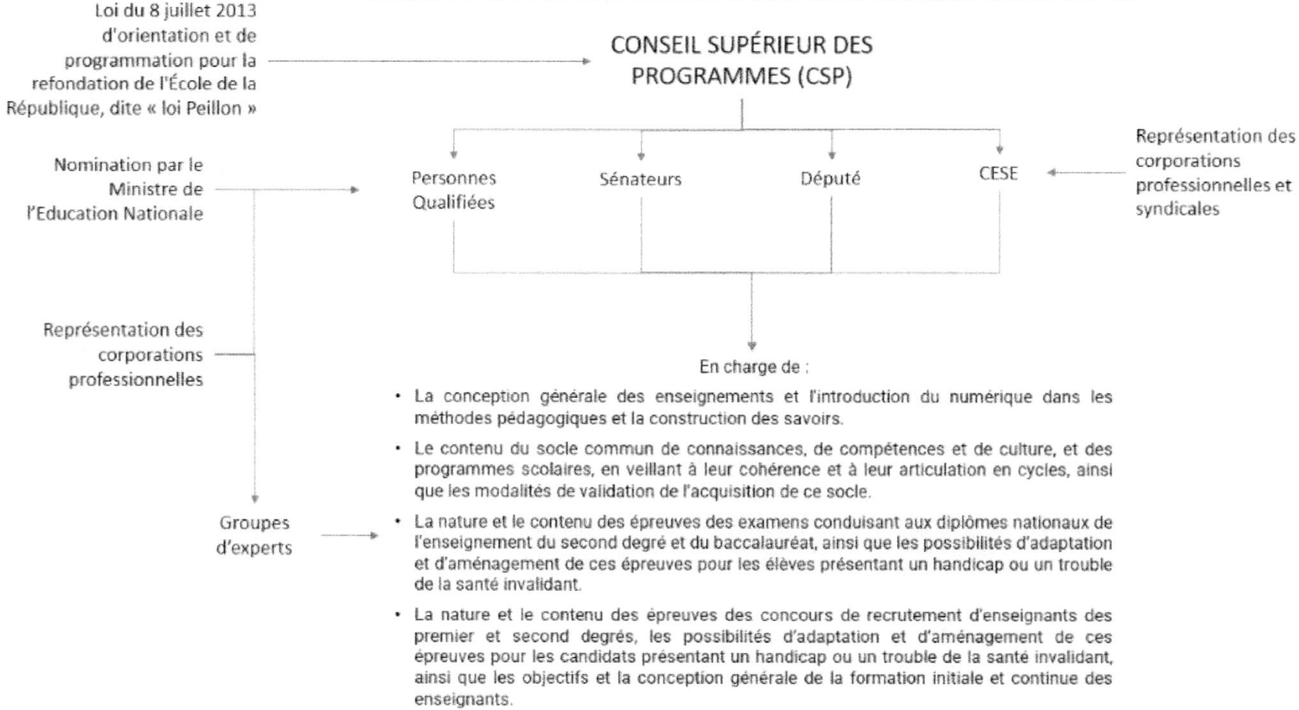

F-5 Au niveau de l'industrie

La situation actuelle de la France est à un tournant. Dans l'après-guerre, elle s'est associée à l'Allemagne pour créer une plateforme d'échange qui formera l'actuelle Union européenne. C'était d'abord une association sur le charbon (Communauté européenne du charbon et de l'acier, la CECA en 1951), puis un mariage dans lequel la France agricole s'associait à l'industrie germanique pour développer une sphère de prospérité.

Les modèles allemands et français se sont pourtant différenciés avec les années. Basée sur le modèle rhénan ayant conservé sa structure des corporations professionnelles, l'industrie allemande a préservé sur son sol des savoirs techniques et humains, tandis que l'ouverture des frontières de la mondialisation a ouvert l'Europe à l'importation de produits agricoles qui a dénaturé les performances du secteur primaire agricole français. Elles ont dû être compensées par des aides européennes (qui ne sont en dernier lieu qu'une partie de la contribution de la France au budget de l'Europe) et la mise en friche des espaces anciennement cultivés. L'impact de ces mesures s'est soldé au cours des années qui suivirent par la disparition de tout un univers agricole ouvrier, qui s'est reporté sur le monde des villes et du secteur des services.

À la différence de l'Allemagne, en France, faisant suite à l'action des syndicats communistes et les recommandations du CNR de 1946, l'industrie primaire et secondaire a été durablement affaiblie. Depuis les nationalisations du sous-sol (Charbonnage de France) jusqu'aux charges sociales des entreprises totalement en inadéquation avec la spécificité des emplois et du marché, la France a vu disparaitre progressivement tout un tissu de PME et d'industries lourdes. Celles-ci préférant partir sous d'autres cieux plus complaisants fiscalement ou se vendre à des entités extérieures qui voyaient la possibilité d'absorber le savoir-faire d'un concurrent. En cela, l'action des lois sociales d'inspiration marxistes, et se prévalant d'être des « acquis », ont détruit l'industrie primaire et secondaire de la France. Conserver cet héritage du passé, largement décrédibilisé par l'expérience communiste de l'URSS, est en soi une aberration.

Toutefois, ayant eu le souhait de conserver une indépendance énergétique, la France avait misé sur l'industrie nucléaire dans les années 50-60. Celle-ci couvre désormais 72 % de la production électrique en France. Or sans énergie, il n'y a pas de secteur primaire et secondaire. C'est donc un paradoxe : la France s'est désindustrialisée tout en conservant une capacité de production énergétique.

A contrario, le contexte actuel voit émerger une situation étonnante où l'Allemagne, qui a conservé son outil industriel, va se retrouver dans les années à venir avec une production électrique erratique. En effet, faisant suite à une pression écologique sur ses instances politiques, l'Allemagne a fait des choix inadéquats. Elle souhaitait s'équiper en énergies renouvelables, comme les éoliennes et le solaire, tout en s'appuyant sur le gaz russe pour son industrie. La guerre en Ukraine et la destruction du gazoduc Nord Stream a fait éclater ce schéma énergétique et va pénaliser durablement son industrie.

La France a donc une opportunité face à son voisin. Celle de pouvoir recréer un tissu industriel s'appuyant sur une énergie bon marché (si elle sort d'un marché électrique européen dicté par l'Allemagne et les considérations politiques Vertes) et de pouvoir vendre à l'Allemagne l'énergie dont elle a tellement besoin. Autant, à l'exemple de la Chine ou de la Corée du Sud, il est possible de reconstituer un tissu d'entreprises sur une dizaine d'années, autant la construction d'infrastructures nucléaires pour tout un pays demande plusieurs décennies.

Il s'agit donc, pour recréer ce « rêve français » s'appuyant sur les sciences et l'industrie, de créer politiquement un environnement productif adéquat en s'émancipant de « boulets » idéologiques.

Ainsi la politique du secteur primaire et secondaire d'un gouvernement patriote doit :

- Étudier et promouvoir, par des lois, toutes les formes d'allègements fiscaux ou d'autorisations nécessaires à un dynamisme industriel, tant dans un quotidien opérationnel que dans la transmission patrimoniale.

- Demander au patronat et aux représentants des salariés de chaque industrie de se regrouper par corporation (ce qui existe déjà en partie).

- Avoir une politique énergétique cohérente pour notre pays, devant bénéficier en priorité à notre population et à nos industries (c'est l'impôt des Français qui a payé les centrales nucléaires, indépendamment d'une tarification pour l'Europe.

- Définir des axes prioritaires et secondaires afin de déterminer les forces et faiblesses d'une productivité nationale. C'est une concertation franche avec les opérateurs privés qui devrait déboucher sur des choix stratégiques d'industrialisation. Que cela soit dans l'énergie, la chimie, la métallurgie, l'aéronautique, l'espace, les machines-outils, les télécoms, les véhicules, les biens de consommations, le luxe, l'armement, l'électronique, la bio-ingénierie, l'agriculture et l'élevage, tous les secteurs doivent être abordés et discutés. Des engagements de résultats sont demandés à chaque corporation industrielle.

- Soutenir la recherche sous toutes ses formes et offrir des aides significatives à la préservation des brevets et savoir-faire. Tout brevet trouvant une exploitation commerciale offrant un bonus pour le déposant.

- Lancer des projets d'aménagement et d'équipements avec de la commande publique.

- Valoriser commercialement à l'étranger toute la production nationale en ayant, dans nos postes d'expansion économique, des représentants de chaque filière, rémunérés par les corporations ou associations de branche et non plus des fonctionnaires.

- Modifier le Code minier français afin de libérer ce secteur primaire des principes archaïques communistes. Il s'agit de sortir le droit du sous-sol des prérogatives de l'État et faire prévaloir la ressource existante minière et le marché, en s'affranchissant, comme les Anglo-Saxons, de la priorité des droits sociaux totalement en inadéquation avec la réalité de l'offre et de la demande pour des ressources aux cours fluctuants.

- Revoir les modalités du système des aides à l'agriculture en protégeant celle-ci de la mondialisation qui a dénaturé le système de production et de transformation qualitatif de la filière.

Concernant le secteur tertiaire vers lequel s'était orienté, au cours des dernières années, la France en prenant l'exemple de l'Angleterre, il s'agit pour un gouvernement soucieux d'une qualité de vie de ses citoyens de mettre en adéquation l'harmonisation d'une politique de service locale à protéger (boulangerie, restauration, boutiques, etc.) avec une pratique de distribution à grande échelle (grandes surfaces, Amazon, etc.).

Une réflexion détaillée doit être lancée sur le sujet afin de protéger un art de vivre et les besoins d'une population en expansion qui nécessitent une gestion particulière des flux.

Au-delà des choix d'implantation de grandes surfaces ou de sociétés de service, le rôle de l'État est d'assurer une instruction et une formation professionnelle à sa population. Ainsi, l'État doit renforcer la création d'écoles en apprentissage avec des formations passant par la transmission des savoirs en stage au sein d'entreprises. C'est donc une orientation et une formation professionnelle qui doit se faire en partenariat avec les corporations. Chaque corporation devant déterminer ses besoins en ressource humaine et garantir la prise en charge de stages pour les élèves, puis leur assurer métier. Ce d'autant que l'éducation au cours des 30 dernières années n'a pas cherché à former des artisans, mais des employés de service pas forcément bien instruits, mais pouvant prétendre à un statut prétendument plus valorisant.

Afin de protéger sa politique de relance, il n'est pas simple pour un gouvernement de s'extraire des accords de libre-échange que la France a signés (OMC, OIT, UE). Ces accords seraient difficiles à remettre en cause, toutefois des solutions alternatives basées sur un patriotisme d'achat ou de services pourraient être encouragées dans la société comme elles le sont par la Corée du Sud, le Japon, la Chine, et les USA.

Il ne s'agirait pas de faire un protectionnisme officiel, mais de mettre un frein à la mondialisation en multipliant les contraintes qualitatives et en développant un devoir patriotique individuel à toujours choisir de préférence les produits français.

Un travail de communication très significatif doit être accompli dans la population pour la sensibiliser sur ce sujet. C'est l'ostracisme de la société française pour l'achat d'un produit étranger qui conduira le consommateur vers l'achat et la préférence pour un produit national.

Il en est de même pour la commande publique au sein du marché européen, où la définition du cahier des charges d'un appel d'offres, peut introduire des notions subjectives ou techniques impliquant de facto le succès d'une entreprise nationale.

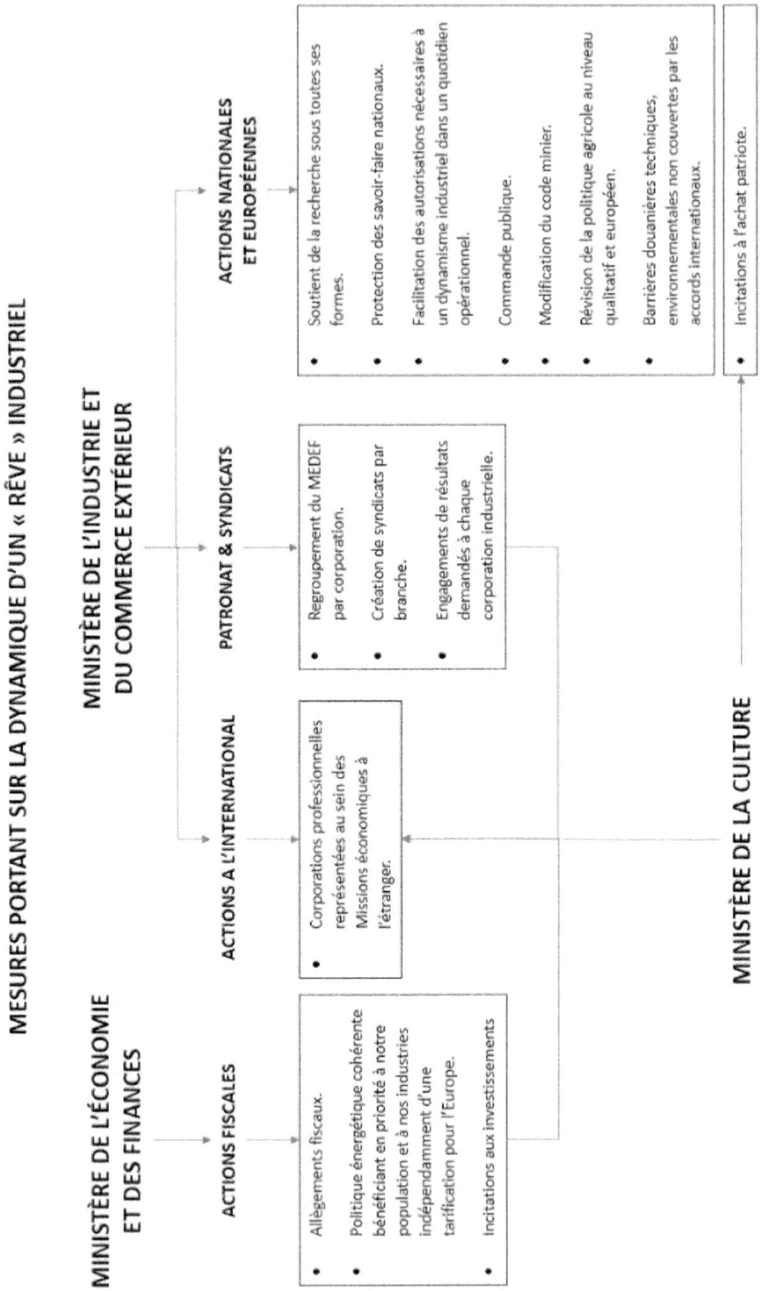
MESURES PORTANT SUR LA DYNAMIQUE D'UN « RÊVE » INDUSTRIEL
MINISTÈRE DE L'ÉCONOMIE ET DES FINANCES
MINISTÈRE DE L'INDUSTRIE ET DU COMMERCE EXTÉRIEUR
ACTIONS FISCALES
ACTIONS A L'INTERNATIONAL
PATRONAT & SYNDICATS
ACTIONS NATIONALES ET EUROPÉENNES
• Allègements fiscaux.
• Politique énergétique cohérente bénéficiant en priorité à notre population et à nos industries indépendamment d'une tarification pour l'Europe.
• Incitations aux investissements
• Corporations professionnelles représentées au sein des Missions économiques à l'étranger.
• Regroupement du MEDEF par corporation.
• Création de syndicats par branche.
• Engagements de résultats demandés à chaque corporation industrielle.
• Soutient de la recherche sous toutes ses formes.
• Protection des savoir-faire nationaux.
• Facilitation des autorisations nécessaires à un dynamisme industriel dans un quotidien opérationnel.
• Commande publique.
• Modification du code minier.
• Révision de la politique agricole au niveau qualitatif et européen.
• Barrières douanières techniques, environnementales non couvertes par les accords internationaux.
• Incitations à l'achat patriote.
MINISTÈRE DE LA CULTURE

F-6 Au niveau syndical

Il s'agit de sortir la France du système syndical d'inspiration marxiste pour le faire évoluer, comme en Allemagne, vers une économie sociale de marché qui s'inspire dans ses fondamentaux de la doctrine sociale de l'Église.

Le système syndical français actuel, qui tire ses origines du XIXème siècle lors de la montée en puissance des idées de Karl Marx, unifie une minorité de salariés sur la base idéologique d'une Force-Travail identique, qu'elle soit celle de salariés de l'administration ou celle de ceux d'une aciérie. Il introduit une lecture politique dans le statut du salarié/ouvrier transcendant horizontalement les métiers. Celle-ci crée, bien évidemment, une inadéquation de la défense des travailleurs qui, en fonction de la nature de leur travail, doivent avoir des accords de branche spécifique. De plus, cette approche de pensée n'apporte aucune perspective dans la formation des besoins professionnel entrant dans le monde du travail.

Antérieurement, il existait pour les organisations syndicales françaises la présomption irréfragable de représentativité qui leur donnait tout pouvoir de représentativité sur les salariés et donc un droit de gestion paritaire des prélèvements sociaux.

Or au cours des années, le taux de syndicalisation s'est effondré. En 2008, la présomption irréfragable de représentativité a été supprimée au profit de la présomption simple de représentativité.

Il s'agit donc de créer de nouveaux syndicats par corporation en s'appuyant sur cette nouvelle loi du 20 août 2008, qui précise qu'une organisation syndicale peut désormais être reconnue si elle remplit de façon cumulative les points suivants :

- Le respect des valeurs républicaines.
- L'indépendance.
- La transparence financière.
- Une ancienneté minimale de deux ans dans le champ professionnel et géographique couvrant le niveau de négociation.
- L'audience.
- L'influence, prioritairement caractérisée par l'activité et l'expérience.

Ces corporations professionnelles (qui existent déjà pour partie au sein du patronat) auraient donc, en leur sein, leur propre syndicat avec une obligation pour toutes les entreprises d'un même secteur d'y adhérer et d'y inscrire automatiquement tous leurs employés.

Cette mesure redonnerait une réalité au sens syndical de protection des salariés en y associant tous les travailleurs d'une même branche.

Les prélèvements de charges des entreprises se feraient au bénéfice de ces nouveaux syndicats, qui en auraient la gestion paritaire pour l'assurance chômage, l'assurance maladie et la retraite.

Les anciennes structures (Pôle emploi, Caf, Caisse primaires d'assurance maladie, etc.) perdureraient, certes avec moins de moyens, pendant toute la durée de la montée en puissance de ces nouveaux syndicats corporatistes.

De la structuration par corporations de l'industrie française, découleraient des différences significatives de formation et de protection. Mais celles-ci seraient toutes liées à un objectif industriel productif spécifique à chacune d'elle. C'est la force de travail de chaque branche et sa projection dans le futur qui devraient assurer leur propre destinée et les avantages qu'elles en tirent.

Ces corporations avec leurs syndicats seraient responsables de la formation professionnelle, avec la gestion de leurs propres écoles, ce qui mettrait en adéquation l'instruction reçue avec un débouché professionnel certain. Le socle scolaire de base commun serait assuré par les programmes venant du Ministère de l'Éducation.

Actuellement, alors que le corpus scolaire de l'État est le même pour tous, l'inégalité de traitement salarial et des besoins de l'emploi sont une réalité, ce qui est loin d'être équitable, soit parce que cette instruction scolaire est inadaptée, soit parce qu'il y a une méconnaissance de la part de l'État des débouchés productifs. L'intégration de la scolarité dans les corporations permettrait de mettre en adéquation une formation professionnelle avec les besoins réels de l'industrie ou des services.

La défense de l'emploi se ferait ainsi par branche avec une volonté farouche de protéger un modèle social en pérennisant la présence des industries sur le sol national.

Ces corporations et leurs syndicats seraient représentés au sein du CESE, reflétant ainsi la réalité de la vie économique du pays.

Ce modèle social doit faire partie du « rêve français » car il inscrit, dans la durée, la Force-Travail de notre nation et sécurise pour les salariés la notion de droit du travail « pour nourrir sa famille ».

RÉFORMES STRUCTURELLES POUR UN MODÈLE D'ÉCONOMIE SOCIALE DE MARCHÉ

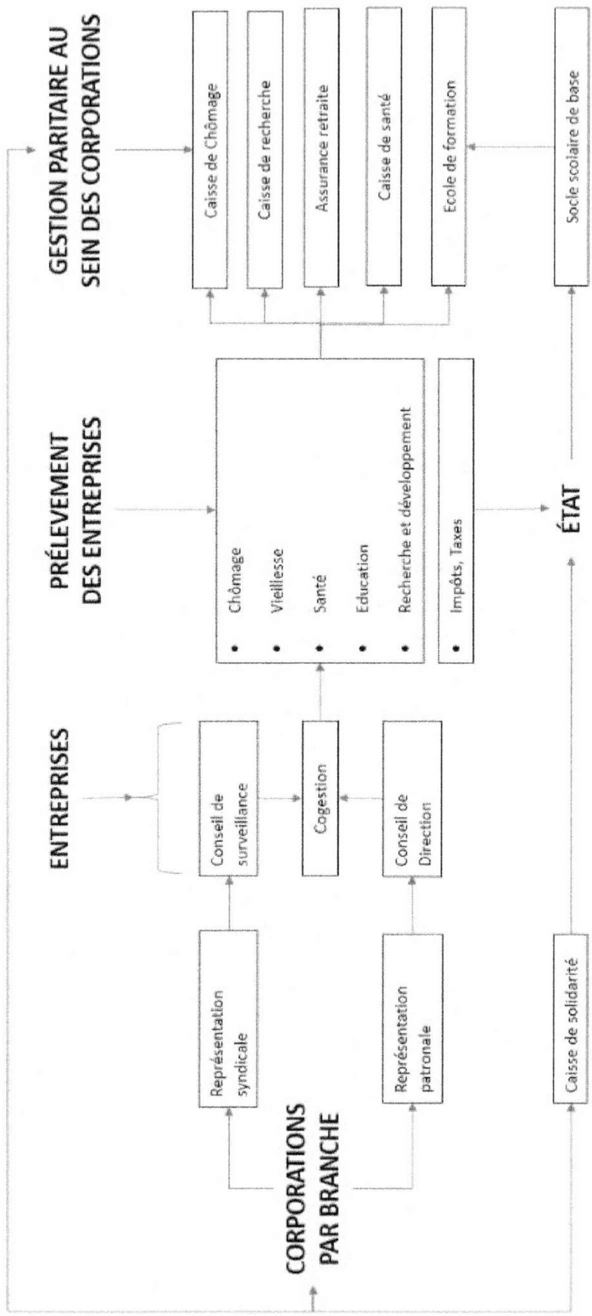

F-7 Au niveau métapolitique

Dans la stratégie à suivre pour assimiler des individus aux valeurs de la France et pour porter un « rêve » d'Égalité, de Liberté et de Fraternité, il faut élargir la fenêtre d'Overton sur la nature de l'immigration, sur les fondamentaux que signifie une assimilation et sur ce que la France porte philosophiquement dans le monde.

Comme on l'a expliqué tout au long de ce manifeste, cette fenêtre s'est largement réduite sous l'influence des trotskistes et des Anglo-Saxons. Ils ont encadré ces sujets par des « barrières » construites avec des éléments de langage, propre pour les uns à leur idéologie, et pour les autres par leur propre identité.

Leurs actions malveillantes d'encadrement se retrouvent principalement à travers les médias et les arts :

- Ainsi, on ne parle plus de l'action bénéfique de la colonisation française et du soutien des populations qui l'ont vécu. Par contre, on met à l'index celle-ci, reprenant par là même, à la fois, les arguments de la politique anticolonialiste de Roosevelt et le soutien à l'idéologie des porteurs de valises du FLN et l'action « éducative » d'un communiste comme Georges Bourdarel dans les camps de Viet-Minh. De multiples films anti-français vont forger une histoire fausse et totalement décalée de l'histoire.

- Les milieux politiques et les médias diffusent en continu l'idée que notre déclaration des Droits de l'Homme de 1789 est la même, dans ses principes, que celle de la déclaration universelle des Droits de l'homme de 1948. Ce qui est bien évidement faux et trompeur. L'idée d'universalisme est due à René Cassin et fut reprise par les Nations-Unis après-guerre, puis par la Cour Européenne des Droits de l'Homme (CEDH) de La Haye, dont Cassin fut d'ailleurs le président de 1965 à 1968.

- Les notions d'Égalité, de Liberté et de Fraternité n'existent presque plus dans les discours médiatiques soumis aux exigences identitaires de l'islam en France. De plus, une pénalisation juridique abusive de propos tenus sur la nature même du Coran, entrave gravement les tentatives d'assimilation.

- Pour se défausser du racisme systémique et patriarcal de la société américaine, le cinéma Hollywoodien nous abreuve désormais de films et de séries, où obligatoirement, nous aurons à la tête d'un service ou d'une société, un « chef » américano-africain ou une femme. Ce qui donnera l'impression d'une société américaine ouverte à tous. Mais qu'en est-il réellement au-delà des aménagements positifs et de la mode « wokiste » ?

Le travail métapolitique du « rêve » français doit donc porter sur ces deux axes : sur l'ensemble des médias et sur un art spécifique à la française, expurgé d'une doxa idéologique « gauchiste » qui dénature actuellement toute l'expression créatrice.

En France, la production d'œuvres cinématographiques passe généralement par un soutien du Centre National du Cinéma et de l'Image Animée (CNC). Une reprise en main de l'attribution des aides doit avoir lieu, en restructurant sur le fond et par des hommes nouveaux l'ensemble de cet établissement public à caractère administratif. Il s'agira de soutenir la production d'œuvres sans marqueurs idéologiques, retrouvant, par là même, la créativité de leurs origines françaises. Par le statut des fonctionnaires de cette entité, il est difficile d'avoir une identification précise des échelons administratifs liés aux fonctions « politiques » d'attribution des aides. D'autant qu'il existe, en usage, la création de commissions élargies à des personnes venant de la société civile. À l'instar de ce qui a été fait avec le Conseil supérieur des Programmes (CSP) pour éloigner les pédagogues trotskistes du Ministère de l'Éducation, une entité indépendante, ne rendant des comptes qu'au Ministre de tutelle, pourrait être créée afin de confier l'ensemble des aides publiques à ce nouvel organisme. Des membres qualifiés, patriotes et techniques, seraient nommés par décret aux postes de direction.

Dans les Arts, l'approche est sensiblement différente, mais obéit aux mêmes mots d'ordre idéologiques. Depuis la récupération par Staline et Hitler d'artistes travaillant à leur cause, le message d'une œuvre est plus important que l'œuvre en elle-même. L'explication de texte, la contextualisation est devenue essentielle à une appréciation que l'on doit pouvoir porter. Ce n'est plus le libre-arbitre de goût qui doit nous permettre de juger qualitativement une œuvre, mais c'est ce que l'on doit entendre ou voir, selon une recommandation politique, qui doit orienter notre jugement. Ce n'est ni plus ni moins que de la propagande ou, dans sa version commerciale, un argumentaire de vente qui doit inciter notre décision d'achat.

Ainsi la fenêtre d'Overton dans les arts nous offre actuellement des apports artistiques se prévalant de beauté et de créativité, mais dans le même temps, elle cherche surtout à effacer notre sens critique et de goût personnel qui sont pourtant le propre de notre culture française.

Dans la vision de ce manifeste, il est hors de question d'encadrer l'art sous quelques formes que ce soit. Si des aides publiques doivent être données, elles le seront pour l'organisation de manifestations qui exalteront les valeurs françaises à travers un qualitatif laissé à l'appréciation individuelle. Ce n'est plus l'explication de texte « politisée » ou commerciale qui sera prise en compte pour un soutien, mais la simple manifestation d'intérêt du public. Si l'œuvre trouve un écho dans la société, elle sera reconnue et aidée.

Concernant les médias, dans la presse écrite, il est facile pour l'État d'orienter la sensibilité d'une rédaction. Afin de maintenir à flot leurs journaux, les actionnaires touchent de généreuses subventions venant de l'État. Par ce biais financier incitatif, une action médiatique peut donc s'orienter pour diffuser les principes d'une assimilation des populations d'origine immigrée et la redéfinition d'un rêve porté par la France.

Toutefois, beaucoup de journalistes, à titre individuel, passés par des écoles de journalisme encadrées par des trotskistes, continueront à déstructurer l'identité française et à cliver notre société. Qu'il en soit ainsi. Qu'ils s'expriment. Ils en ont toute liberté. Mais aucune aide publique ne doit soutenir leurs diatribes. Si des journaux comme *Libération*, *Le Monde*, *L'Humanité* venaient à disparaître, qui serait responsable de leur dépôt de bilan, si ce n'est leurs propres turpitudes ?

Des mesures similaires doivent être prises au sein de l'Agence France Presse (AFP) où une sensibilité gauchiste, après la Deuxième Guerre mondiale, traverse cet organisme depuis sa reprise en main par les syndicats communistes. L'État actionnaire peut imposer une direction politique plus ouverte à toutes les sensibilités en accord avec les fondamentaux de la France. Au cours des années, plusieurs propositions de Lois ou de modifications des statuts de l'AFP ont eu lieu. Elles ont créé, à chaque fois, des affrontements syndicaux et politiques qui démontrent la nature partisane idéologique de cette entité de diffusion de l'information.

Par ces mesures, l'État pourra promouvoir les principes d'une assimilation efficace. Toutes démarches opposées, qu'elle soit médiatique ou artistique, tout en bénéficiant bien évidemment de la liberté d'expression, ne bénéficiera pas d'aides publiques dès lors qu'elle sera identifiée comme une attaque contre les principes philosophiques et spirituelles de la France. Sans remettre en cause la pluralité des sensibilités et des opinions, et tout en garantissant leur liberté d'expression, l'État favorisera et promouvra, par le biais financier (subventions, actionnariat de l'État), les œuvres qui servent les intérêts et l'unité de la France.

De même, si des apports publicitaires ou des financements venant de l'étranger étaient faits, dans quelques médias que ce soit, diffusant des messages incompatibles avec l'identité française et n'exaltant pas la concorde entre les hommes par l'assimilation, de sérieuses mises en garde seraient faites auprès des annonceurs, à leurs sociétés publicitaires et aux sources extérieures de financement. Ces messages seraient considérés comme des actes anti-républicains.

L'ensemble de ces mesures métapolitiques consoliderait les valeurs de la France et porterait rapidement le « rêve français » bien au-delà de nos frontières.

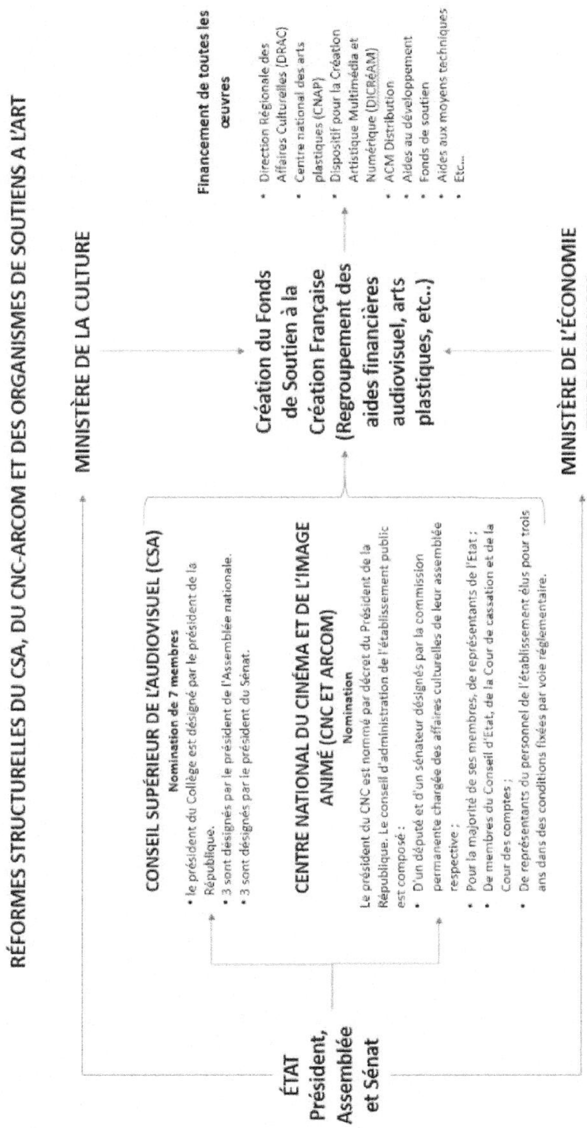

F-8 Au niveau de l'Europe

Dans la tradition républicaine française, le contrôle de la conformité de la loi à des droits fondamentaux comme celui des droits de l'homme est relativement récent. Comme il a été précédemment dit, ce n'est qu'à partir de la Loi Marcelin en 1971 que le Conseil constitutionnel s'est donné le pouvoir de contrôler la conformité de la loi aux déclarations des droits visées par le Préambule de la Constitution. Alors qu'initialement, il n'avait pas cette aptitude à interpréter la conformité des lois sur ces principes, il en a résulté une dérive de ces pouvoirs.

En effet, de ces droits et libertés constitutionnels qu'il s'est arrogé en interprétation, le Conseil constitutionnel les a mis en concordance avec leurs équivalences, dans ceux repris par :

- Les principes généraux du droit communautaire s'appuyant sur la Charte des droits fondamentaux de l'Union européenne.

- Les conventions internationales que la France a signées.

De cette situation est née une difficulté à déterminer qui, de la Constitution ou des systèmes juridiques européens, a la préséance. Du fait des saisines qui lui sont faites, le Conseil Constitutionnel a reconnu la réalité d'inévitables interférences entre l'application des droits fondamentaux de source constitutionnelle et ceux de source conventionnelle.

Le Conseil constitutionnel a retenu que « la Constitution est placée au sommet de l'ordre juridique interne » et que l'application de la prévalence du droit de l'UE sur toutes normes des États membres, résultant de l'arrêt S*immenthal,* ne pouvait pas être supérieur aux dispositions de valeur constitutionnelle. Ce qui formule une forme de résistance du Conseil constitutionnel à des pouvoirs en droit supranationaux.

La transposition de directives européennes oblige donc le Conseil constitutionnel à statuer sur deux points :

- La conformité de la nouvelle loi à la directive européenne, c'est-à-dire l'exactitude de la transposition.

- La conformité de cette loi à la Constitution.

De façon générale, afin de pas avoir à contrôler la conformité de la directive aux droits et libertés garantis par la Constitution et pour éviter de se mettre en porte-à-faux, le Conseil Constitutionnel estime ne pas pouvoir contrôler la conformité de cette loi transposée aux autres dispositions de la Constitution. Toutefois, il s'est gardé, tout de même, la possibilité de censurer une de ces nouvelles lois de transposition, si et seulement si la directive initiale était contraire à un principe « inhérent à l'identité constitutionnelle de la France ».

De cette situation, il est donc intéressant de mettre en avant les différences de fond existant entre la déclaration des Droits de l'homme et du citoyen de 1789 avec celle défendue par l'Union européenne et qui diffère sur plusieurs points, à commencer par la catégorie de personnes pouvant bénéficier de la protection qui serait accordée par la Convention.

Dans la déclaration de notre Constitution, il s'agit bien de nos propres citoyens et non de tous ceux qui y transitent ou de tout ceux qui ne sont pas reconnu comme français . Le risque de conflit majeur, comme il a été rappelé tout au long de ce manifeste, résulte de cette notion englobant tous les êtres humains ou « toute personne relevant de la juridiction de l'État partie à la Convention ». C'est la pierre angulaire de la première convention du Conseil de l'Europe et qui inclut de facto une communauté religieuse immigrée comme celle de l'Oumma. Or celle-ci représente sur le fond une opposition aux principes mêmes des Droits de l'Homme et se détermine elle-même sur les bases du droit coranique. Ce qui est en soi une aberration.

La difficulté de ses interférences et interprétations est donc complexe pour le Conseil constitutionnel, car il peut juger conforme aux droits et libertés garantis par la Constitution des dispositions légales dont l'application sera ensuite rejetée par les juridictions européennes, ou même par des juridictions nationales. Le jugement de constitutionnalité sera privé alors de toute portée réelle.

Finalement, les juridictions judiciaires et administratives françaises ont pris l'habitude de juger la conformité d'une loi sur leur sol et sa compatibilité avec les traités et conventions européens. Cette position a évincé le contrôle de conformité de la loi à la Constitution, échappant de facto au Conseil constitutionnel. C'est l'arbitraire du jugement des juges français et leur soumission au droit européen. Même si des lois organiques ont essayé de repositionner la Constitution au centre des controverses, les recours auprès de la Cour de Justice de l'Union européenne (CJUE) font prévaloir dans tous les cas l'application des ordres juridiques de l'Europe.

Concrètement, peu importe la question de constitutionnalité, et c'est bien là où est le problème, la conformité d'une loi à la Constitution, ou à sa compatibilité avec le droit de l'UE, est réglée par l'application de la primauté de ce dernier sur le droit des États.

Née dans le contexte de l'après-guerre, cette formulation des Droits de l'Homme de 1948 a inspiré la Déclaration des Droits de l'Homme de l'Europe. Celle-ci a été adoptée en 1950 et elle est entrée en vigueur en 1953. Souhaitant formuler un rêve de paix entre les hommes, toute la jurisprudence européenne s'appuie sur elle.

Cette formulation généreuse s'est lourdement trompée :

- En Europe, la paix s'est construite non pas sur les droits de l'Homme, mais sur les principes de deux boucliers nucléaires, ceux de l'URSS et du bloc occidentale (USA, Angleterre, France). Ces droits de l'homme n'ont nullement empêché l'Europe de participer, directement ou indirectement, à des guerres sur ses frontières, en Yougoslavie comme en Ukraine.

- Elle n'a jamais intégré la nature « conquérante » de l'islam qui, malgré son infériorité militaire face à l'Occident, s'est livré à des attaques asymétriques (terrorisme) en Europe et dans le monde, et fait valoir sa propre dynamique démographique sur le sol européen.

- L'Europe n'a aucunement pris la mesure des revendications ethniques, sociologiques, identitaires ou politiques d'États qui ne partageaient aucunement les fondements philosophiques occidentaux (Inde, Pakistan, Chine, etc.) et qui, même s'ils ont adhéré à des chartes nationales et internationales, ne s'y conforment absolument pas (Turquie).

Ce manifeste est donc conscient qu'il entre en opposition avec certaines institutions européennes et qu'un affrontement philosophique et juridique émergera de ce conflit.

Ce manifeste ne recommande pourtant pas de sortir de l'Europe pour échapper à ce piège philosophique et juridique qui s'est construit en plusieurs étapes. Il recommande d'affronter directement les principes même énoncer dans le préambule des droits de l'Homme de l'Europe.

Si la France a porté en son temps cette vision humaniste au sein de l'Europe pour la faire adopter à tous ses membres, c'est à elle de la revoir et d'y apporter des modifications. La France, par ces principes, est à l'origine de l'Europe, mais elle est aussi celle qui apporte le plus de désamour à ses populations pour son manque de discernement concernant une immigration non maîtrisée et le manque de sécurité qui en résulte.

C'est un affrontement philosophique qui doit désormais intégrer la nature d'une immigration porteuse de valeurs totalement en désaccord avec les principes d'universalité des droits de l'homme.

Il ne fait guère de doute que dans un premier temps, la CEDH prendra position contre l'État français s'il suit les recommandations de ce manifeste. Elle jugera comme une violation des droits protégés par la Convention européenne des droits de l'homme, sans pouvoir par elle-même y mettre fin. Ses arrêts n'auront toutefois qu'un caractère déclaratoire, ils ne possèdent pas en effet de force exécutoire.

Ce sera le conseil des ministres du Conseil de l'Europe qui aura pour tâche de surveiller l'exécution de cette condamnation du CEDH. C'est donc à ce niveau de représentation des gouvernements, s'exprimant sur un même pied d'égalité, que s'argumentera le souhait français de restreindre la spécificité des Droits de l'Homme à la culture chrétienne de la civilisation européenne et de modifier cette charte fondamentale et initiale de l'Union européenne.

On peut s'attendre à de solides empoignades venant non pas forcément d'États, qui rencontrent les mêmes problèmes, mais surtout de toute une administration interne à l'Europe, figée dans la préservation de ses statuts de direction par le biais de cette première convention. Il en sera de même de toute une série de lobbyistes extra-européens qui seront vent debout pour protéger la mondialisation ou la pénétration de leur identité spirituelle (islam).

En dernier ressort, la question se tranchera de façon assez simple, non pas sur la question philosophique, mais sur les questions d'existence même de l'Union européenne et sur ses budgets. Les questions à se poser seront alors les suivantes : Qui veut de cette Europe ? Qui paye ? Qui est contributeur net du budget européen et avec quel solde ?

III - CONCLUSION

La singularité coloniale française, humaniste, éducative et en charge du développement des sociétés qu'elle représentait, a inspiré les principes d'assimilation de ce manifeste.

Ce message colonial français a porté, en son temps, un « rêve » de Liberté, d'Égalité et de Fraternité à travers le monde. Ces trois mots, inscrits sur notre drapeau, sont la synthèse de l'identité française à laquelle toute assimilation est liée.

Que des univers spirituels, ou des idéologies basées sur une hiérarchisation des hommes par classe sociale, par genre, par confession ou par race, s'invitent sur le sol de France pour y faire valoir leurs propres fondamentaux est inacceptable tant historiquement, philosophiquement que spirituellement.

Parce qu'il y a une corrélation entre l'immigration actuelle et l'histoire coloniale des États français et anglo-saxons, ce manifeste a souhaité s'attacher aux fondamentaux philosophiques et politiques qui ont conduit leurs trajectoires respectives.

Si une politique de l'immigration doit être reformulée actuellement sur le sol national, c'est bien parce que les principes antérieurs qui dictaient nos relations avec les autres sociétés se sont altérés. Ils ont été vilipendés, très souvent reniés, ou tout simplement oubliés.

En réponse à un flux migratoire sans réel contrôle, ce manifeste fait des propositions parfois audacieuses et qui peuvent surprendre. Oui, ces propositions dérogent à la doxa. Non, elles ne s'embarrassent pas de circonvolutions sémantiques. Elles s'appuient simplement sur des analyses factuelles désignant les oppositions à l'État-nation France et à une politique d'assimilation. Parce que ces forces hostiles sont clairement identifiées en termes politiques, spirituels ou philosophiques, ce manifeste se confronte à leurs fondamentaux.

Cet ouvrage se veut sans complaisance. Il recherche en France l'assimilation pour ceux qui le souhaitent et rejette ceux qui ne se conforment pas aux idéaux portés par la devise de son drapeau.

Les mesures à prendre ne peuvent s'inscrire que dans un cadre politique et philosophique intransigeant : celui de la Déclaration des Droits de l'Homme et du Citoyen de 1789, repris dans notre Constitution. Elle se démarque de l'interprétation d'universalité des Droits de l'Homme qui sera formulée dans l'après-guerre par René Cassin et reprises dans les différents protocoles d'organismes internationaux (ONU et UE) que la France a signé.

C'est en s'appuyant sur l'ensemble de notre Constitution que des réformes peuvent se faire. Il ne s'agit pas d'envisager un « Grand Soir » comme le souhaite l'idéal « romantique » de la pensée « gauchiste », ni la mise en place d'une VIème République ou d'une monarchie. Il s'agit simplement d'agir au sein des Institutions. Pour cela, il faut bien évidemment l'arrivée au pouvoir d'une présidence patriote, consciente des enjeux et du legs laissés par les régimes antérieurs.

Ce legs se situe à 5 niveaux :

- Celui de l'histoire de France, de son peuple, et de toute la singularité qui fait la civilisation française dans toutes ses composantes.
- Celui du rêve philosophique et humaniste que la France a porté à travers le monde lors de ses deux empires coloniaux, remontant à François Ier et se terminant avec l'Algérie française et les indépendances en Afrique.
- Celui d'une immigration, voulue et souhaitée à la fois par la mondialisation d'inspiration anglo-saxonne et le trotskisme, venant du monde entier sur le sol national et remettant en

cause les principes philosophiques et spirituels de la société française.

- Celui d'une dérive de certaines institutions, infiltrées par une sensibilité politique et philosophique qui dénature les devoirs de l'État de protection de ses citoyens.

- Celui d'un environnement international qui a conduit la France à accepter des entités et des juridictions supranationales, comme la CEDH et la Cour de Justice de l'Union européenne (CJUE), qui peuvent statuer sur des points d'interprétation philosophique des Droits de l'Homme.

Malgré la conjoncture défavorable des trois derniers legs, c'est pourtant l'ensemble conjugué de ces cinq héritages qui portera inéluctablement, en France, cette présidence patriote au pouvoir. Elle arrivera aux commandes du Pays par la voie d'élections dont le thème central sera la gestion de l'immigration.

C'est la dérive des gouvernements précédents, et la nature inappropriée des accords internationaux, qui lui sont paradoxalement extrêmement favorables. C'est l'accumulation d'errements, de fautes, de candide innocence d'hommes politiques de gauche comme de droite qui lui servent de marchepied pour l'accession au pouvoir.

Ces erreurs sont la conséquence de principes philosophiques décorrélés d'une réelle connaissance des autres sociétés, comme des sacrifices que ces dernières doivent consentir pour s'assimiler pleinement et harmonieusement aux civilisations française ou européenne.

La réaction qui en découlera sera donc, à plus ou moins long terme, une prise de position dans les urnes des populations françaises et européennes. Elle portera non pas une, mais des présidences patriotes européennes au pouvoir.

En politique, il y a des temps longs. C'est celui de la prise de conscience d'une population au sein d'un système démocratique. Il faut du temps pour qu'elle puisse mesurer la nocivité de politiques incorrectes, surtout si elles se dissimulent sous le masque de mesures humanistes. Le pathos aidant, il y a au départ consensus dans la société pour les accepter. Puis les années passant, les dérives s'accentuant, l'impact négatif de ces mesures apparaît. Il s'agit donc d'y mettre un terme de façon déterminée après en avoir pris conscience.

Des oppositions très significatives viendront en opposition à cette salutaire réaction populaire. Les attaques politiques, philosophiques ou spirituelles viendront certes de l'intérieur, mais les offensives les plus emblématiques viendront de l'Union européenne. Des rapports de force allant de la remise en cause de certaines attributions de la Commission à la dénonciation de protocoles créeront de fortes tensions. Toutefois, la France, grâce à son statut de membre fondateur, des moyens financiers qu'elle met à disposition pour l'Europe, et d'une dynamique de regroupement avec d'autres pays aux positions patriotes, dispose de tous les moyens pour infléchir la politique et les structures de l'Europe sur ce point de l'immigration.

Ce manifeste espère ainsi apporter une matrice de réflexions et d'actions à une présidence patriote qui devra prendre des mesures pour se défaire de chaînes tant idéologiques que philosophiques qui n'ont plus lieu d'être dans le contexte actuel.

Ces idéologies, principalement trotskistes, mondialistes et universalistes, sont des vestiges d'un passé révolu et ont montré leur peu de pertinence dans la gestion des pouvoirs au cours du XXème et du XXIème siècle. Ce sont des pensées rétrogrades et nullement progressistes comme elles aiment à se qualifier elles-mêmes. Elles sont simplement arriérées et fondamentalement injustes et inappropriées. Il s'agit donc, pour le peuple français et ceux de l'Europe entière, de s'en défaire.

De plus, les perspectives qu'offre ce manifeste se situent aussi à un autre niveau : celui des relations extérieures. Parce que ce manifeste a redéfini et rappelé les principes philosophiques de la France sur son propre sol, il offre une politique cohérente à mettre en œuvre vis-à-vis des sociétés étrangères. Sans affirmation de son identité sur les principes qui ont bâti la France, il ne peut y avoir une politique française lisible pour les autres sociétés. C'est cette prise de conscience que ce manifeste espère servir.

Si la France reste la figure de la Liberté et de l'Égalité, dans sa troisième composante d'idéal porté sur son drapeau, la Fraternité, elle n'existera que pour ceux qui le souhaitent de façon volontaire et par leur libre arbitre.

Ainsi la France ouvrira toujours son cœur aux autres sociétés, mais sera intransigeante sur les principes qui l'ont façonnée.

Ce retour d'une politique cohérente devra aussi s'illustrer en matière internationale et fera l'objet d'un prochain manifeste.

Printed in Great Britain
by Amazon

27863642R00136